中公文庫

小説を書くということ

辻　邦生

中央公論新社

小説を書くということ　目次

言葉の箱

フィクションの必然性

なぜ歴史を題材にするのか

『言葉の箱』あとがき／解説

小説を書くということ

言葉の箱

I　小説の魅力

in love with
生命のシンボルに触れる

小説を書く根拠

講義をすることには比較的慣れているつもりですが、創作を希望されていて、実際に書いておられる方に対して、文学について話をするのは、ほとんど初めてのことです。この講座は創作学校（Creative Writing School）の創作科という名称のようですが、アメリカの大学には創作科がありまして、書くための文学という視点から講義が進められているということで、それに関するいろいろな本もずいぶん出ています。

ぼく自身も小説を書くことでは迷いの時期が非常に長かったし、小説を書くまでにいろいろなことを考えざるをえなかったわけで、そういう本もかなり読みました。結局、とくに書くことを念頭に置かれている方たちを相手にして、小説について話をするということになると、どうしても自分がいかに迷い、いかに見つけていったかというプロセスをお話しすることが、いちばん手っとり早いし、確かだし、それはほかの人にはできないことだと感じています。

ぼくが、旧制の高等学校でドイツ語の勉強をしておりましたころ、岩波文庫の『魔の山』とか『ブッデンブローク家の人びと』を訳した望月市恵という先生がおられました。ぼくは、その当時、トーマス・マン（一八七五〜一九五五）という作家を非常に尊敬しておりまして、友達の北杜夫（一九二七〜二〇一一）君と二人で、トーマス・マン、トーマス・マン、と言って、夜も日も明けないという状態だったんですけれども、その望月先生が、小説家というのは本当にしようのないもので、初めから終わりまで同じことっきり言いませんねえ、と皮肉混じりに言われたんです。

ぼくも小説家になってから、いろいろと新しい試みをずいぶんしてきましたけれども、振り返ってみると、初期に書いたことと今書いていることはほとんど同じか、ないしは同じ主題について、結局はいろいろなヴァリエーションを言っているにすぎないということに気がつきました。とくに、自分が小説を書く根拠をいかにして見つけていったかということになりますと、これはヴァリエーションじゃなくて、結局は同じことを言っているにすぎません。

そこで、創作科ということから始めますと、小説家であり評論家でもあるコリン・ウィルソン（一九三一～二〇一三）が創作科を初めて担当させられたときに、諸君、一つ短編小説を書いてみてくれませんか、と言ったそうです。そして、出された答案を見ると、ほとんどが自分に関することで、それも告白に近いような調子で書かれている。せいぜいのところ自分の友達が自動車事故で死んだとか、麻薬にのみ込まれて、とうとう自殺してしまったというような事柄を書いていて、しかもじつに安易な日常的なおしゃべりの文体で書いているので非常に驚いた、と彼は言っています。

ぼく自身が大学で、小説を書きたいという学生に、何を書いているの、見せてごらんよ、と言いますと、彼が恥ずかしがりながら出すような作品は、だいたい自分の下宿に女の友達が来て、というようなシチュエーションの話が多い。コリン・ウィルソンが言っている話とまったく同じようなことをぼくも体験しています。

なぜそんなことになるのかということから、自分のことに入っていくわけです。ぼく自身も長いこと小説を書こうとすると、どうしても力がわかなかった。戦争が終わったとき、ぼくはちょうど二十歳で、旧制の高等学校に入っておりました。旧制の高等学校は、いまの大学の教養課程の二年生に当たり、けっこう大人だったわけです。戦争が終わるまでは、戦争を無視して文学なんて書いていられたんですけれども、終わってからあと、非常に現実の生活条件が厳しくなりました。たとえば、ご承知のとおり、東京は焼け野原、食べ物はほとんどない、配給だってろくなものが来ない、という生活条件にありましたし、病気になっても、病院はない、医者は足りない、薬はないという状況だった。それから、道路といえば貧弱なものですし、橋も壊れているし、家は倒れているという有り様でした。

そういうように現実にやるべきことがたくさんあるにもかかわらず、それを無視して文学の仕事、つまり現実から逃避するようなかたちで、机の前に座って何かを書く。それも何か激しい根強い信念があって、言うべきことを現実に訴えかけているということではなくて、自分の身の回りの出来事、悲しかったりうれしかったりした些細なことや、勝手に空想ででっち上げた恋愛小説式のものを書こうとしても、当然ながら書く力はわかないわけで、それよりもっと大事なことがあるはずだ、実際に、その当時、ぼくは理科におりましたけれども、そのまま理科にいて医者になることのほうが大事なんじゃないか、外科医になって、実際に苦しんでいる人たちを救ったほうが正しい道なんじゃないか、そのほうがより文学的なんじゃないかと思いました。

実際に、大学の途中でたまらなくなって、いまの日産ディーゼル（当時は民生ディゼル工業）に嘱託のかたちで入って、午前中は大学に行かせてもらい、午後だけ勤めるということをさせてもらって、現実とはどういうことか、現実に働くとはどういうことかということを基本から学び直そうと思いました。自分が、現実、現実、と言っているそのものも本当に知っているわけではなし、それならば、どこまでそれを極めたときに、その現実を超えて、本当に自由にそれについて論じられるようになるか。そこまでは我慢して現実につきあおう、実際に仕事をしてみようと考えたわけです。

もうひとつ大事だと思ったのは、ものを書くということは、小説を書くとか評論を書くことを通じて、書くことそのことが大きな大事な métier（技術）であるということです。それを何とか自分の身についた、彫刻ができるとか、特別な修業の要る仕事ができるというのと同じように、当時は「ピアニストがピアノを弾くように」と自分に言い聞かせておりましたけれども、書くことを自分に訓練させたわけです。自動車の会社に行っても、大学に行っても、常に書く。

書くといっても常に題材は決まっておらず、日記のかたちで、あるときは自分の一日の行動、あるときは何かについての反省を書き続けていく。そして、考えていること、感じていること、自分の生きているリズムをそのまま文章にする。あえて文章について、この形容詞はどうだ、これをうまく書くにはどうしたらいいかということを考えないで、自分の手が動けば、そのまま思想、自分の頭のなかで考えていることが文章になっていく。そういうふうになるまで、徹底的に書くことに習熟しようと考えました。もうひとつは、外国語をきちんとやること。この二つは、どんなに自動車の仕事あるいは宣伝の仕事が忙しくても、必ずやると決めておりました。あとは自然に、時間に従って、現実のほうがきっと見えてくるに違いない、焦らずにやっていこう、と考えたわけです。

そうしているうちに、フランスに行く機会がありまして、パリ大学に入りました。その当時ぼくは仏文におりましたから、多少フランス語はできました。ドイツ語からフランス語に替わり、ドイツ語とフランス語の両方をやっていたんですけれども、主としてフランス文学について、いろいろなことを勉強したかったのです。

ところが、もっと基本的なことは、小説を書く基盤ですね。つまり、ドストエフスキー（一八二一〜八一）とかスタンダール（一七八三〜一八四二）とかバルザック（一七九九〜一八五〇）とかトルストイ（一八二八〜一九一〇）というすばらしい作家たちがいますが、そういう作家たちは、自分の生活がつまらないから、書く内容がないからといって決してペンを放り出したりはしない。あくまで非常に強い信念をもって、あるいは創造の魔力にとりつかれて筆を走らせていく。そういうふうになるには、いったいどこが違うのか。それを、少なくともバルザックならバルザック、プルースト（一八七一〜一九二二）ならプルーストが住んでいたフランスでしっかりと見極めていこうという気持ちがありました。ですから、小説を書く根拠を求めることが、フランスへ行く大きな目標であったわけです。

初めのころは本当に何も手掛かりはありませんでした。パリの町は暗いし、陰気な町でして、現在のように、日本人が大勢いる時代ではありませんから、「エトランゼ」としての孤独感が身にしみ、明るい話題はほとんどない。日本から持ち出せる金額にも限度がありましたし、さらに問題なのは、自分自身にお金がほとんどなくて、貧乏をしなければならず、旅行をしたり、おいしいものを食べて回ることもできない。ひたすら文学ということになります。

ただ、パリに着いて、不思議に胸を打たれたのは、パリの町そのものが非常に堅固で美しくできていることで、東京ではひとつも味わうことのできなかったこの美しさは何であろうかということが、まず大きな最初の課題として自分のなかに飛び込んできたわけです。日本の場合、道がそういうふうになっているから、そこに家を建てたというように、与えられたものをそのまま受け入れて、家なり道路なりをつくる。ところが、パリの町は、ほとんどそれと逆で、与えられたものを人間の目的に合わせてつくり直していくことが前提にある。これが日本といちばん違っている点でした。

たとえば、道路のところに三角形の土地があるとします。日本だったら、このくらいを庭にして、あとは、せめて四角い家を建て、角の土地が少し余ったのでこっちも庭にしてという感じですが、フランスはそうではなくて、道路からそっくり三角形の家を建てていく。ですから、こちらの部屋は当然ながら三角形で、そちらの部屋は梯《てい》形《けい》みたいになる。日本だと、部屋は四角くて、三角形の部屋なんかあったら困る、こんなところに家具なんか置けない、と考えますけれども、フランスでは外の形に合わせて内容を決めていく。ここには、自然に与えられた条件ではなくて、ある目的に即して意思と計画性を働かせてつくっていく。その結果、非常にピッシリとした幾何学的な美しい町の外観ができる。

ところが、われわれ日本人の感覚、夕方帰ってきて、ビールでも飲んで、ゆっくりお風呂に入って、というのびのびとした感じは、パリにいるとちょっと感じられなくて、いつも背広を着て、きちんとネクタイをして緊張していなければならないという感じで、パリに行ってから半年というものは、毎日毎日クタクタに疲れてしまう。それはなぜかというと、秩序に対する緊張感が常にあったからだということに気がつきました。

ヨーロッパは、自然に与えられたものをいつも超えていく場所であるということが、ぼく自身を変えてくれたいちばん大きな認識だったわけです。甘えることを絶対にしない。自分がある環境に産み落とされると、そういう環境と絶えずたたかって、より高いものをつくっていく。これがヨーロッパなんだということをつくづくと感じました。

〈ぼくの世界〉

その次の夏にギリシャに出かけ、これは何度も書いている話ですが、船で行って、ピレウスという港で下りて、そこからボロボロのバスに乗って、アテネに向かいました。アテネの町に入ったときに、パルテノンの神殿がアクロポリスの丘の上に建っていて、それを下から見た瞬間に、révélation（啓示）の光、ある不思議な光が神殿からぼくの胸を貫いていった。非常に美しいものを見た瞬間にだれしもが感じる喜びの感じと、輝かしい晴れやかな感じと、踊り上がるような感じを一緒にしたようなものが、ぼくの胸に流れてきたのです。結局、それがどういうものだったのかを考えるのが、その旅の間、それからパリに帰ってからのぼくの仕事になりました。

日常、現実を超えた美しい秩序が存在していて、たとえば壺が置かれていたり、彫刻が置かれていたり、絵が壁にかかっていたりして、現実のなかに芸術があるのではなくて、芸術という秩序の光のなかにぼくたちの現実が包まれて置かれている。それが、ギリシャのパルテノンの神殿を見たときに、いちばん雄弁に事実としてぼくの胸に入ってきたことです。

秩序をつくり上げることが芸術の目的で、日常のぼくたちの現実は、いわば秩序に対する混沌としたもの、形はあるし、刻々と偶然の様々な要素によって変わってはいくけれども、最終的にはそれを乗り越えて、それを秩序づけることが芸術の仕事であり、それが美というもののあり方なんだということを、説明抜きに、そのときの直観で感じました。

このときに感じたギリシャ的なもの、パルテノンに示される高い秩序と、もうひとつ大事な経験をしました。その旅が終わってパリに戻り、これも偶然ですが、パリの国立図書館の広い展示場に、リルケ（一八七五〜一九二六）の『薔薇』という詩集が展示されておりました。それは非常にきれいな版画と一緒になった豪華本でした。リルケはドイツの詩人ですが、晩年はフランスが好きになり、フランス語で書いた詩がいくつかあるのですが、そのなかのひとつに、「Une rose seule, c'est toutes les roses（一輪の薔薇はすべての薔薇）」（『リルケ全集第五巻』河出書房新社）という詩があります。たまたまそのページが開かれていたという偶然もあるのですが、一輪の薔薇がすべての薔薇であるということ、たとえば、宋の白磁の壺があるとすると、それが一個机の上にのっているのではなくて、壺の示す空間、あるいは世界がすべてのものを包み込んでいる。一輪の薔薇のなかにはすべての薔薇が顔を出している。あるいは、薔薇の全歴史、全存在がたった一輪の薔薇のなかにもある。それはあたかも芸術作品の運命を象徴しているようだと、ぼく自身が感じたのです。

そのころセーヌ河の反対側のカルティエ・ラタンに住んでおり、ビブリオテーク・ナシオナル（国立図書館）に勉強に通っておりました。「ポンヌフの恋人」という映画がありましたけれども、そのポン・ヌフの隣にポン・デ・ザール（芸術橋）という、自動車の通らない、歩行者だけの橋があります。ノートル・ダムやシテ島という中ノ島が目の前に見える、景色の美しい橋ですけれども、夕方になって疲れると、その橋の上に立って、ぼんやりとセーヌやセーヌの岸の木やルーヴルやノートル・ダムなんかを見ていたんですね。そのとき突然、自分の見ている世界は、そこにただ客観的にあるノートル・ダムやルーヴルやセーヌではなくて、「ぼくの見ているセーヌなんだ、ぼくの見ているノートル・ダムなんだ、ぼくの見ているルーヴルなんだ」という一種不思議な感じに襲われたんです。すべてのものに「ぼくの」という所有形容詞がつくような具合で、あとからいろいろと考えたわけですけれども、ぼく自身は、〈ぼくの世界〉というものをそのときに初めてつかんだ。

確かに肉体的には世界のなかに置かれ、一個の人間としてこの地球の上に置かれ、そのときはポン・デ・ザールの上にポツンと一人で置かれていたわけですが、にもかかわらず、ぼく自身が世界を包み込んでいる、ぼくが世界を所有している、いままでぼくは世界に包まれていた存在だったわけですけれども、今度はぼくが大きな絵にでもなって、大きな球体にでもなって、地球をスッポリ包んでしまったような逆転した関係が生まれてしまった。

こうしてぼくが見ているノートル・ダムあるいはルーヴルあるいはセーヌといったものは、なるほど、ほかの人もそこで見ているかもしれないけれど、それはほかの人のルーヴルでありセーヌで、同じものを見ているのではなくて、これはぼくだけしか見られない、ぼくだけが見ている、ぼくの世界で、ぼくが死んでしまうと、だれもそのなかに入って知ることはできない。だから、この世界をだれかほかの人に伝えるためには、その感じ方、色彩、雰囲気を正確に書かないと、ぼくが死んでしまったら、もうこの地上から消えてしまう。そういうものを書き残すのも文学のひとつの大事な仕事なのではないか。ぼくは、いままで経験したことを書くというようなことを言っていたけれども、実際はそうではなく、そこまで突き詰めていくと、ぼくだけの、ぼくこっきりの、だれとも共通点のない世界が、いま現れているんじゃないかと思ったわけです。

これを整理してみますと、最初に基本的に美の秩序がぼくに与えられ、それから、ひとつの芸術的な個体、ひとつのもの、個というものは、そこに置かれたほかのものと違う。コップが一個そこにあるというのとは違って、それは確かにひとつしかないけれども、それはすべて世界を包んでいる。ちょうどぼく自身が一人でいながら、この世界を包んでいるように、個々のひとつひとつの芸術作品は、ひとつではなくて、実はそれは同時に世界を包んでいる存在としてあるのだということです。

もうひとつは、なかなか説明のしにくいことですが、具体的な例でお話しすると、ギリシャからの帰りにイタリアに渡り、汽車の待ち合わせをするために、ターラントというプーリア地方にある小さな港町で、五、六時間、過ごしたことがあります。小雨の降る夏のもの憂い午後でしたけれども、小さな町でしたから、町中を歩き尽くして、結婚式も見れば、お葬式の行列も見れば、赤ちゃんの洗礼式も見れば、市場のさまざまなにぎやかな様子も見て、その町で起こったことを何もかも見ても、まだ汽車が来ない。美術館にはギリシャ植民地に特有のアプリア式陶器などたくさんのコレクションがあったので、そういうものをひとつずつ見てぼんやりと時間をつぶしていました。そのもの憂い感じを、パリに帰ってから、小説を書くというつもりもなく、けだるい気持ちそのままにスケッチをしたわけです。それは「見知らぬ町にて」という初期の短編になりますが、そのときに初めて、書くということが、それまでとまったく違った質を持った。それまでは自分の経験を書いていたんですけれども、まったく違った感じでものを書き、まったく自分の内面的な感じだけを文章にしたのです。

あとでいろいろ反省してみたのですが、それまではものを見るという場合、具体的に周囲の蛍光灯を見るとか、壁を見るとか、カーテンやドアを見るというふうにして見ていました。そういう視線がそのときまったく消えてしまい、そのかわり、ぼくはそういうものを見ないで、そういうものがぼくのほうにやってくる。だから、ぼく自身は非常にパッシヴにそういうものを見ていた。そういうものがぼくのほうにやってくるということは、ドアとかカーテンとか蛍光灯とかが日常生活の役割をまったくはぎ取られてしまい、そのものが存在している形としてぼくのほうに入ってきていたということに思い当たったわけです。

たとえば、町の中央に第一次大戦の戦没者を悼む碑が立っていて、そこに刻まれている「歴史において永遠なる母よ」といったような言葉を見ていても、その意味を読んでいるということではなくて、そういうものとしてそれがそこに存在している。

これは、日本の有名な仏文学者、哲学者の矢内原伊作（一九一八～八九）さんが書いている話ですが、矢内原さんと彫刻家のジャコメッティ（一九〇一～六六）が一緒にキャフェに行き座っていると、向こうからギャルソンがやってきた。そのとたんにジャコメッティの顔色がパッと変わり、しばらくギャルソンを凝視していた。そのギャルソンが注文をとりにきたので、矢内原さんがコーヒーか何かを頼み、ギャルソンは去っていった。そのときジャコメッティが、君、あのギャルソンとぼくの距離がいま無限になってしまったんだ、と言う。一メートルか二メートルか、そばまで来たのに、その距離は手を伸ばしても、とても届かない無限なものになってしまった、と話したというんですね。これはどういうことかというと、日常の、コーヒーの注文をとりにきた普通のギャルソンではなくて、一人の若い男という形になってしまった。彼の持っている日常性、役割性が全部はぎ取られて、そのままの形になってしまった。

こういう場合のことを、ぼくは、ものがイマージュ（image 映像）になると言っています。実際にぼくたちが小説を書く場合、自分の経験、自分の知っていることについて書いたりしますが、初心者が書くと、それがつまらなくなってしまう理由のひとつは、見たもの、聞いたものが日常性にとらわれていて、普通のものでしかないからです。イマージュになっていないということが、非常に大きな要素としてあるんですね。

あなた方もお読みになっていると思いますが、中島敦（一九〇九〜四二）の初期の作品には習作がいろいろあります。あの人は三十三歳で亡くなったのですが、三十代からあとは中国を主題として書いた『李陵』とか、すばらしい作品がいろいろありますけれども、それに対して初期の作品は、十分に消化されておらず、いかにも習作習作した作品が多い。それはまだイマージュになりきっていないものを文章に書いていったからだと、ぼくは感じるわけですね。

パリで〈ぼくの世界〉を見つけたときの感じとして、もうひとつ大事なことは、自分の置かれている状況が、絶えず何かを発見したい、何か高い秩序を見つけたいと求めている状態だったということです。もちろんここにいらっしゃる方々も何かを求めているからこそ、こういう場所でぼくの話を聞いてくださっているわけですが、そういうときの自分は、矢印でいえば、常に上に向かっていく状態です。そして、同時に、ここでものすごく眠くなってしまうとか、いろいろと心配事があるとか、さっきデートでふられて気持ちが集中できないとか、こんな文学なんかやめて金儲けのできる何かをしたほうがいいんじゃないか、というように、上っていく力に対して反対する力が働いています。ぼくたちの日常生活でどんなときでもそうですが、絶えずこのように二つの力としてものが見える。自分自身もそういうふうに見えるし、すべてのものがそういうふうに見える。

ヨーロッパは、とりわけ神に向かっている国ですから、それに対立する肉体とか物欲とか、下に向かう力がある。教会を見ても、街角を見ても、上る力と下がる力の二つが常にぶつかり合っていることが、非常にはっきり見えます。ぼく自身、ヨーロッパから帰ってきて、いちばん影響を受けたのは、ものを対立的に、つまりドラマ的にながめることだったと思っています。こうやってあなた方を見ていてもそうだし、電車のなかではとくにそうですね。前に座っている人たちを見て、この人は税務署の人かな、この人は証券会社の人かな、この人は八百屋さんかな、とまず思いますけれども、基本的には、この人が上ろうとする力、人間として幸福になろうとする力を邪魔しているものは何だろうかと、いつも見ています。

人間はそういう意味ですごくドラマティックな存在だと考えていいと思います。ドラマティックな存在というのは、上に上る力に対して、絶えずそれを邪魔するものがある。精神的に高くなろうとすると、もっともっと低く、動物的なもの、物欲的なものに引き下げようとする力が働く。あるいは、自分のなかのすごい弱気とか、東京指向なのに地方にやられちゃったとか、そういうこともドラマとしてつかめば、やはり上にいく力とのせめぎ合いですね。そういうふうに非常にドラマティックに、つまり動的なもの、動いているものとしてものをつかんでいく。そういうことをおのずと学んでいるわけですね。

「言葉」と「想像力」

いままでお話ししたことのなかで、最終的にもうひとつつけ加える重要なことがあります。それは「言葉」ということです。ぼく自身、書くことに専念し集中し、「ピアニストがピアノを弾くように」、それを持続的に続けてきたという話をしましたけれども、それは、ぼくたちの基本的な仕事は言葉によって成り立っている、人間として存在していることが言葉として存在していることだ、ということにもよりますし、さらにはぼくたち自身が書く人間を目指しているということにもよります。結局「言葉」ですね。

終戦後しばらく、現実的なさまざまな事実が非常に厳しくて、事実のほうが、空想的なことを書くよりも重要だというときの、ぼくのいちばんの認識、考え方の誤りはこういうことでした。それはパリへ行ってから知ったことですけれども、アウシュヴィッツでたいへん多くのユダヤ人が虐殺されたことは皆さんよく知っているとおりで、ガス室や強制労働に駆り出されて、多くの人たちが死にました。そのなかで救出されて生き残ったのは、連合軍の実際的な物理的な戦闘力であったわけですけれども、同時に内側から彼らを支え、救ったのは、彼らが「希望」という言葉を捨てなかったことです。その当時収容されていたさまざまな人たちの証言から、のちにV・E・フランクル（一九〇五～九七）が書いた『夜と霧』その他のドキュメンタリーが出版されまして、そういうものによって知らされたことですが、たとえば、自分が子供時代に暗唱したゲーテ（一七四九～一八三二）の詩をいつも思い浮かべていたといったような事柄で、言葉が現実の事実と同じように生命を支えていた。あるいは、現実のそういう力以上に言葉が生命を支えていた。だから、言葉はまったく無力ではない。むしろ言葉があって初めて現実そのものを変えることができるという認識が、しだいに自分のなかに生まれてきたということも、ひとつ大きくつけ加えなければいけません。

このことと関連しますが、ロマン・ガリ（一九一四〜八〇）という作家がフランスにおります。何年か前に自殺してしまったのですけれども、髪をショートカットにしたジーン・セバーグ（一九三八〜七九）というハリウッドの女優との恋愛でも世界的に有名になった人です。戦争中はレジスタンスの闘士で、ドゴールの信頼が非常に厚く、戦後はどこかの大使までした、文化的な意味でなかなか派手な人でした。

このロマン・ガリの『天の根』という小説のなかに、やはりドイツの収容所を扱ったおもしろい話があります。収容所でフランスの兵隊たちが強制収容されて捕虜になっているわけですが、士気が衰え、生きる励み、気力がなくなり、刻一刻と頽廃の気配が蔓延している。そのときに、ロベールという一人の男がみんなに、ぼくたちのなかに一人のかわいい女の子をつくろうよ、その女の子がここでぼくたちと一緒にいるということにしないか、と提案するんです。みんなが、それはいい、それはいい、ということで、女神のようにかわいい空想の女の子ができ上がるわけです。

そうすると、その女の子の前では男らしく振舞おうと、努力するようになる。実際に女の子がそこにいるのと同じように、毎朝彼女が着替えをしているあいだ、部屋の隅に毛布を捧げて、男たちの目から彼女を隠してやる。お昼休みには彼女のために花を摘み、下品な話をすると、あの子に悪いぞ、ということになる。そうしているうちに、その子の気にいるようにしよう、その子におもしろい話をしよう、というふうに、みんなの気持ちがだんだん浮き立ってきたというんです。

すると、それを見ていたドイツの兵隊が、これはおかしい、何かあるに違いないと警戒して、あるとき、ワーッと来て、寝台の下からロッカーの中から調べた。もちろん何も出てこなくて、挙げ句の果てに、空想の一人の女の子がいることがわかり、収容所長がやってきて、その女の子を引き渡せという。実際にはどうすることもできませんね。だからぼくたちは命に賭けてその子を守りますと頑張る。

そして、とうとうロベールは、けしからんやつだと、独房に入れられる。仕方がないから、女の子は向こうに置いたままにして、象の大群が果てしない草原を、行く手に立ちふさがるものをすべてひっくり返しながら、毎日毎日突っ走っていくところを想像した。朝起きて、象がなお進軍しているところを見ると、心が躍って、独りぼっちで独房にいても、いささかもへこたれない。ついに彼は非常にタフに生き延びた。

そういうような話ですが、想像力あるいは想像力による言葉、象とか一人の女の子とか、女の子に語りかける会話とか、そういうものがぼくたち人間の生命を支えるのにいかに力になっているか。「言葉」と同時に「想像力」ですね。ぼくたちは現実のなかに閉ざされて、それぞれが与えられた環境のなかに押し込められている。にもかかわらず、想像力のお陰で、どんどん外へ出ることができる。自在にはばたくことができる。そんなもの何も役に立たないじゃないか、現実はちっとも変わっていない、現実を変えてほしいんだ、ぼくはおなかが空いているから、もっとお金が欲しいんだ、それなのにこれじゃどうしようもない、と考えるのは間違いで、いかに想像力は、つらい状況を超えて、ぼくたちを励まし、生命感を高め、ぼくたちの心に喜びの感情、勇気の充実した感じをもたらしてくれるかということは、いまの収容所の話でもよくわかりますね。

「言葉」と「想像力」は、そのへんからぼく自身のなかでも非常に強く感じられるようになりました。結局、自分の周りのこと、自分の経験したこと、知っていること、小さな身辺のことを書くことが、いかに無意味であったか。それは、想像した世界の大きさに比べたら、まったくとるに足らないもので、想像する世界のほうがはるかにはるかに大きくて、東京にいながらにして、同時にパリにも、ニューヨークにも、アフリカの密林のなかにも、極地にもいられる。想像力さえあれば、自分の自由な心を自由に生かせる。そういう生き方のなかに解放してやらなければいけない。まさにそういうことが精神の健康をもたらす大きな働きになるのではないか。

そういうポン・デ・ザールの体験から、「自分の好きな世界」がだんだん大きく強く感じられるようになりました。みんなと共通した世界、灰色のモノトーンの、何の感激もない無関心な現実ではなくて、それは「ぼくだけが好きな世界」なのです。たとえば、空が夕焼けですごくきれいで、雲がサーモンピンクに色づいて、すてきだなと思っても、雲を仰いでいる人はまずほとんどいない。ぼくのマンションで、夕方、屋上に行って、雲を見たり、西のほうの富士山を見たりしていると、辻さんはやっぱりちょっと変わっている人だね、と近所の人たちが言うようになる。あるとき、エレベーターのなかで会ったおじいさんが、「これから富士山を見にいくんですか」といきなり言うので、普通の人と違って、かなりおかしいと思われているんだなということがよくわかりました。

同じ東京の町を歩いていても、すごく好きな町、好きな部分が見えてくる。どうしようもなく好きなことというのは、「愛する」とか、いろいろな言い方がありますが、要するに「in love with」という意味ですね。あるものと恋仲のような状態になっている。

このなかにも登山の好きな人がいらっしゃると思いますけれども、ぼくも山が好きで、旧制の松本高等学校のとき、山を見るだけで、ほかのことは何も要らないという時期がありました。それほどの登山家じゃないんですけれども、ピッケルとか地図とかリュックとか山の写真を見てもそうでした。ぼくの友達の登山家は、山のそういうものだけで自分の人生をつくっている。彼は会社の社長をやっていますけれども、ヒマラヤの登山を組織したり、この間は中国に行って、仲間を亡くしたりしましたが、そういうやつは、それが自分の本当の現実だと思っている。あとの現実は仮の現実で、自分は本当の好きな現実のなかに身を置いて、仮の現実をたまたまやり過ごしているという感じです。彼にとっては、山というものが存在しているから幸せなわけですね。

ぼくらがだんだん年を取ってくると、そういう自分の好きな現実が、一般の現実のなかに確かにあって、それは非常に大きな力で日々のぼくたちの生活に影響を与え、むしろそれを支えているんだということがわかるようになる。あるいは、むしろ文学が好きだ、小説を書きたい、詩を書きたいということのなかには、好きな現実に触れて、普通の人が見ている空とか雲、感じている風、花、家のなかの落ち着いた気配とか、町の寂しい感じということではなくて、ぼくたちが感じているそういうもの、かけがえのない状態として存在しているそういうものが、実は文学の素材であり、主題となり、それがまた想像力を動かして、だんだん大きなものに膨れ上がっていくのではないかと感じるようになったのです。

自分の知っている世界ではなくて、「自分の好きな世界」、あるいはこの世から一段と高い、好ましいものに満ちた世界をイマージュとしてつかんでいく。それがしだいに、ぼくたちの日常の退屈であったり、不幸なものに満ちていたり、モノトーンだったり、無感動だったりという現実を超えて存在して、現実に対して絶えずそれが力を与えてくれる。

ぼくならぼくという人間の狭い視野、狭い世界から離れてしまい、そういうものを乗り越え、より大きなもののなかに立っている。そうなると、自分に与えられた環境、自分が不幸な生まれであるとか、病弱であるとか、お金がないといったことをほとんど乗り越えられる。なぜかといえば、そういうものが気にならなくなる。プルーストの言葉ですが、あした死ななきゃならないのに、ヴェネツィアにどうしても発ちたいという思いで胸が張り裂けるほどだ、という気持ちですね。あした死ぬならヴェネツィアなんか見たってしようがないじゃないかということではないんですね。美のほうが、はるかに与えられた生きている条件を超えて、本質的なものになってしまう。そういう意味を発見していく。そういう歩みが文学をする、小説を書くということの根底にある。

こういうふうに申しますと、おれたちには現実はすごく大変なんだ、会社だってすごいよ、学校だってすごいよ、政治だって見てごらん、あんなにひどいのに、何で文学なんてのんきなことを言ってるの、と大部分の人は言う。後期資本主義の現代の世の中で、社会主義的社会は崩壊し、民族紛争はどんどん拡がっていくし、エイズはひどいし、いったいこの世の中に未来はあるんですか、というペシミズムが拡がってくる。これもひとつの意味なんです。これはそういう意味を与えている現実の解釈にすぎない。だから、同時に反対の解釈もありうるわけです。

たとえば、ぼくたちがいまいちばん困っているのは、アイデンティティがだんだんはっきりとつかめなくなっていることです。自己同一性、ぼくがぼくであること、あなた方があなた方である根拠が、だんだん希薄になっている。与えられている生活は、いつも半端なものばかり、断片だけです。だから、ぼくたちは全体を見ることはできません。世界の全体、人生の全体、人間の本当の意味って何かしらと、ごく一部を与えられて、それを推測するほかない。それから、ぼくたちには信念がなくなってしまっている。人間の未来があり、正義があり、人間は健全でなければならないし、「健全な肉体には健全な精神が宿る」というギリシャ以来の真理があるけれども、そういうものが全然信じられなくなっている。それよりもともかく物質的なものが完全にぼくたちを支配しています。

それから、文字を書いている人間としてひとつの大きな障害は、映像的なもの、ヴィジョンが氾濫してしまい、言葉がほとんど無力であるというような感じになってしまっていることです。そういうなかで、ぼくたちが、逆転してしまった軸をもう一度正しい軸に立て直すことは大変なことです。しかし、これは小説を書いて有名になったり、お金を儲けたりすることよりももっともっと大事な、文学のいちばん最初の仕事なんですね。

皆さんが文学が好きで、小説やドラマやルポルタージュを書いたりするときには、その基本に、もう一度人間を人間らしい展望のなかに取り戻す仕事をしようとしているんだという姿勢をとり返していただきたいと思います。すべてはそこに始まると思います。文学はプラスのほうに向かって歩んでいく、その歩みから生まれたもので、人間が考えるということ、人間が生きるということはすべて肯定的なもので、アメリカですら、と言うとアメリカ人は怒りますが、アメリカのように、現在非常に混乱していて、いろいろな点で頽廃の進んでいる国でも、基本的には、このきちっとした生き方が社会を貫いています。これは立派なものです。与えられたものを常に超えよう、そういうものに甘えまいということですね。だから、武器社会は非常にけしからんと日本人は思いますけれども、彼らにしてみれば、それは現実とたたかうひとつの姿勢を示している。ぼくらは絶対にいやですけれども、そういう考え方もあるわけです。ですから、それを一概に否定することはできない。むしろそういうものをより高いものに向けていくことが、ぼくらの仕事かもしれません。そのためには、ぼくら自身が、絶望とか死とか、いい加減なものに妥協することから離れなければいけないわけですが、そういうことは文学の仕事の一環として当然ありうると考えています。

生命のシンボル

次に、好きなものということが、なぜ混乱した社会のなかでぼくらの力となり得るのか。ぼくはスキーが好きだ、山登りが好きだ、切手のコレクションが好きだ、ということがどうして現実に力を与えるんですか、ぼく自身でも逃避しているとしか思っていないのに、先生はどうしてそんなことを言うんですか、と言う学生もいます。しかしながら、好きなものはぼくたちに生命を与えてくれるものなのです。ぼくたちが退屈したり、何となく憂鬱になったりするのは、確かにドーパミンか何かが不足していることもあるでしょう。しかし、それはぼくたちに生命的なもの、生命力、いきいきとした力が減退したということの証拠でもあるわけです。

好きなものはぼくたちに力を与えてくれるんです。だって、夢中になってサッカーをしたりスキーをしているときは本当に楽しいでしょう。楽しいということは、ぼくたちのなかに生命力が戻ってきている。会社がだんだん終業に近づき、五時の終業のベルが鳴って、やっと解放されるときに、一種の解放感、自由感、喜びがありますね。日々のことだから、それほど強烈でないにしても、やはりホッとした感じはある。ということは、ぼくらのなかにもう一度生命力が戻ってきた。まして、あしたいよいよヨーロッパに旅立つ、ヴェネツィアに行くぞ、というようなときは、ぼくたちの胸に喜びが満ち、何かもっと大きなことができそうな勇気がわいてきますね。それは、好きなもの、旅とか自由がぼくたちに生命的なものを与えてくれるからと言っていいかもしれません。

ぼくたちはそういう人生に意味を感じているから、そこで初めて生命がよみがえってくる。会社の打ち合わせであした旅に出るというときは、喜びというよりは、ほとんどうっとうしいですね。ヨーロッパに行くときだって、向こうで会議が待ち受けているというときは大変です。だから、旅そのものが本当に晴れやかだというときは、ぼくたち自身が、日常の枠のなかから解放されて自由であるということが、非常に大きな条件だと思います。自由であるということは、つまり、生命に触れるということです。

ぼくの読者はときどき、ヨーロッパの町々を歩いて、先生が書いているほどすてきなところに行き合いませんでしたと、便りをよこす。ということは、テレビなどを見すぎて、パリの町はこういうものだと頭ですっかりでき上がっていて、結局、彼ら自身は、そういうつくられた退屈な無感動な町を歩いているにすぎない。本当は、そういうものをなくして、パッと新鮮な感覚でそれを見れば、生命はそこで絶えず呼び起こされてくるわけです。

パリに二年も三年も住んでいますと、モンマルトルを歩こうが、サン・ジェルマン・デ・プレを歩こうが、ちっとも感動しない、普通の勤め人と同じように歩いている。銀座や神田あたりを歩いたりするのと同じようにしか感じられなくなってしまっている。ところが、ある日、夕日の光が照っているとか、五月の風が急に自分の周りに感じられたというとき、ふっと突然意味の角度が変わったように、見慣れた、つまらない、犬のふんだらけのパリがすごくすてきに見えたりする。それはぼくたちのなかで新しい意味がパッと目覚めたということです。

この「新しい意味」ということ、そして、ぼくたちがずっと考えてきた自分のなかにおける「好きなこと」というのは、人生におけるひとつの意味をぼくたちがつかんでいるということです。たとえば、自分は春が好きだとか、夏の入道雲がわき上がってくるところが好きだとか、細々したものを整理するのが好きだとか、何か好きだということは、生きる意味をそれが与えてくれているということです。

小説家たち、偉大な作家たちが持っているもののなかには、そういった意味、つまり生命のシンボルになるようなものが必ずあるんです。たとえば、ヘミングウェイ（一八九九〜一九六一）は、危機的な状況のなかでの勇気、たとえば闘牛とか、アフリカでの狩猟とか、スペイン戦争のなかに置かれた人間とか、そうした状況での人間らしい勇気が、彼の人生の生命のシンボル、意味だったわけです。ポーランド出身のコンラッド（一八五七〜一九二四）は、船乗りになり、英語を勉強し、ほとんど希有な例ですが、ポーランド語ではなく、すばらしい英語で小説を書きました。航海士から作家になった彼にとっての、小説の主題であり、生命のシンボルは海なんです。D・H・ロレンス（一八八五〜一九三〇）の場合はセックス、『星の王子さま』のサン＝テグジュペリ（一九〇〇〜四四）は空でしょう。ジェイムズ・ジョイス（一八八二〜一九四一）の場合はアウトサイダーの人間ということになるでしょうか。グレアム・グリーン（一九〇四〜九一）だったらカトリシズム、ヘルマン・ヘッセ（一八七七〜一九六二）だったら雲でしょうか。彼の小説にはいつも雲が出てくる。また、ラヴクラフト

（一八九〇〜一九三七）は恐怖ですね。恐怖が彼の生命のシンボルというのは非常に変ですけれども、彼は恐怖を書くことによって、単調な日常から救い出されて、何か自由なものを感じることができた。

こういうふうに見ますと、これらの人たちはすべて中心にある生命のシンボル、中心的な意味を持った人間ということで、それはあなた方一人ひとりのなかにあるわけですから、そういうものを探り当て、そこに身を置くと、どんなに宇宙が崩れようと、おれは平気だ、というふうに思えるはずです。自分を陶酔させるもの、勇気づけるもの、あらゆるものを乗り越えて、自分がいつもそこに身を置けば、楽しく、いきいきとしていられるという生命のシンボルを発見したときに、そういうものをぜひ友達に伝えたい、ぼくのあとの人たちに伝えたい、そういう激しい欲求に当然とりつかれる。

たとえば、ヘミングウェイが闘牛に夢中になっているとき、『午後の死』や『誰がために鐘は鳴る』を書きましたが、彼をつき動かしたのは、危機における人間らしい勇気ですね。あるいは、D・H・ロレンスが『チャタレイ夫人の恋人』のなかで、チャタレイ夫人が庭番の男と交わるようなところで、あんなに夢中になって書くのは、人間の幸福はセックスの充足感のなかにあるんだという固い信念が彼にはあるからですね。生命のシンボルとか生命の意味は、明らかにその人の生きる根源の力、ひとつの信念、確信となっている。そういうものがないと、ものを書く場合に強い力になりません。

ジェフリー・ファーナルという、日本ではあまり知られていない作家ですが、『街道』という作品のなかに、そういう使命感をふっと感じたときのことを、こんなふうに書いているんですね。

「ある夏の朝早く、一本の木陰に座って、いかけ屋と一緒にベーコンの焼いたのを食べていたとき、いつか自分自身の本を書くことになるかもしれないという考えが頭に浮かんだ。街道や脇道、木々、寂しい場所での風の音、小さな流れとか、悠々とした大河、明け方の輝きや夕焼け、紫色の夜の孤独などを描く本。道端の宿屋、ひっそりとしたホテル、田舎の物音、暮らし方、人々、そういうものを描く本を」

本当にそのとき彼の心のなかに、この世のそういったものが、なにかすごくすばらしくて、それを書かずにいたら大変だという衝動がおこったのでしょうね。それが彼の心におこったときに、それを止める力はもう誰にもないわけで、次々とそういうものを書き続けていくということになったと思います。

結局、小説の魅力は、そうした作家の一人ひとりが、自分の心のなかで、これぞ生命のシンボルなんだ、これに触れて初めて人間が単調な世界から抜け出ることができるんだという、そういうものに満ちた別世界を描くことだと言っていいかと思います。

あらゆる芸術作品は決して現実のコピーではない。たとえば、ロダン（一八四〇～一九一七）のように一見リアリスティックに人間を表現しているような人でも、上野の西洋美術館の玄関のところにある「カレーの市民」を見ると、ものすごく長くて地面につきそうな太い手が垂れ下がっていますね。「考える人」だってそうです。前に傾いた、あの傾きを享ける腕、下の力と上の力のぶつかり合いはとてもドラマティックですね。それは全然現実のコピーなどではありえない。現実の報告、記録ではありえない。

ぼくは、初めに、自分たちの経験、知っていることを日常のスタイルで書いていくのは本当につまらないと言いましたけれども、そういうことがつまらないのは、いま言ったような、現実のコピーそのものは何ら生きる意味を伝えてくれないからで、何ら人生を輝かせてくれる、勇気を与えてくれるものをもたらしてくれないからです。

トルストイの『幼年時代』『少年時代』『青年時代』という自伝小説で、彼は本当に自分が過ごしてきたことを丹念にずっと書いています。それを読むと、一人の人間がいきいきと生命を謳歌している。なにもトルストイはそういった式のことをしゃべったり怒鳴ったりしているのではありません。しかしながら、家庭教師といざこざがあったとか、怠けて庭で遊んでいるというような、普通のつまらない描写のなかにも、何か輝かしい、生きているということはこういうことを通して現れているんだという、喜びの感じが直に伝わってくる。それはもちろん『戦争と平和』『アンナ・カレーニナ』という作品になると、ますますそういうものが集約されて、ダイナミックなドラマとしてぼくたちに提出されるわけです。

あとは、これから実際に小説を書いてみたり、現に書いていらっしゃる方々に多少の参考になるようなことを話してみたいと思います。基本的には、非常に強い自分のなかの好み（préférence）、核心といってもいい、自分のなかの生命のシンボルをまず発見する。だれが何と言おうと、ともかく東京が好きだとか、隅田川が好きだということだってかまわないと思います。何かそういうものを自分のなかに画然と持つ。現在はアンチヒーローの時代で、そういうものを持つことをせせら笑い、少し絶望的な身振りをしたり、頽廃的な身振りをしたり、身振りをしないまでもそうせざるをえないような状態だといわれるかもしれませんが、そういうなかでマイナスのほうに自分がいく場合には、決して作品としていいものは生まれません。どんなに頽廃的な作家や詩人でも、基本的には精神的に極めて健康だということを忘れないでほしいと思います。

トルストイのような大作家が家出をして、最期は村の小さな駅で死ななければなりませんでした。あの大作家に悩みがなかったというわけでは決してないのです。にもかかわらず、彼を偉大にしているのは、絶えず自分自身のなかを掘り進んでいく力だったと思います。そういう自分のなかの何かこれというものをつかむことです。それこそあした死ななければならない状態になったとしても、いささかも驚かない激しい深さと強さを持っていてほしい。それさえあれば、あなた方は怖いものなんか何もないわけでしょう。あした書けなくなりはしないか、あしたクビになりはしないかといったことは全然問題にならないぐらい、そういうものがフツフツとわき出してくる。

そして、そういうかたちで書けば書くほど、作品はよくなるに決まっています。

作品を書くために何か特別なことをする必要はまったくない。むしろ一日一日の歩みのなか、刻々の時間の移りのなかで、自分が本当に生きていることをつかんでいるかということのほうが大事だと思います。そんなことを放り出して、イライラしながら、サボっているような気持ちで、いくら一生懸命作品を書いてみても、本当に力のこもった作品は生まれてこないと思います。

現在は、アンチロマンの時代で、軽薄短小といわれるような文体がはやって、ものすごく感覚的なものが流行していますけれども、それが自分に向いている人はそれを書くべきだと思います。しかし、自分の資質はそのへんになくて、大時代なものしか書けないとなったら、だれが何と言おうと、自分の資質に合ったものしか書いてはいけないと思います。時代に合わせるのではなくて、時代のほうが自分に合ってくる。それを待つことですね。時代というのは浮気ですから、あなた方がいいものさえ書けば、必ずそういうものに身をすり寄せてくる。決して自分が時代の流行に身をすり寄せてはいけません。これはとても大事なことです。

作品が書けなくなりはしないかという恐れは、作家のみならず、あらゆる芸術家が持っているんです。自分の創造力がある日枯渇するのではないかと思う。これは、先ほどから何度も言っておりますように、生命がつかめなくなったとき、どんな大作家でも、自分の若いときの真似をする以外になくなるのです。そういう例はいくらでもありますね。たとえば、あなた方は好きかどうか、イタリアの画家のキリコ（一八八八〜一九七八）は若いときの絵を終生繰り返し模倣しています。また、最近あまり名前をきかなくなりましたが、ベルナール・ビュッフェ（一九二八〜九九）も最初につくり上げたスタイルで繰り返し描いている。これは、初めに挙げた望月先生がおっしゃったトーマス・マンの例とは違う意味ですね。自分の模倣をしている。

偉大な画家セザンヌ（一八三九〜一九〇六）は、皆さんもよく知っているように、若いころから非常に頑固で、若いときの絵を見ても、たとえば「聖アントニウスの誘惑」は黒い輪郭で、団子のような人間がゴロゴロしていて、こっちにアントニウスらしいお坊さんが立っているというふうで、こんな下手な絵を描いた人が、よく画家になろうなんて思ったものだ、画家だなんてよく言っていたなとびっくりする。それが、ピサロ（一八三〇〜一九〇三）と会って、外の世界に目が開かれ、自分のなかに持っている情念の暗く渦巻くようなものが合体し、だんだんセザンヌらしい世界になっていくけれども、いつも自分の胸のなかにそういう火があったんですね。ほかのものには絶対妥協しない。だれが何と言おうと、昔の友達のエミール・ゾラ（一八四〇〜一九〇二）とけんか別れをしようと、自分は動かない。結局、動いていったのは、時代であり、歴史であり、セザンヌの持っている美しい透明な世界、非常に堅固な世界は崩れもせず、ますます輝きを増していく。

そういうものでなければならないわけです。そういう堅固な世界を持っていてほしい。小説家なり芸術家なりが、枯渇して書けなくなるということは、基本的な生命がなくなるということです。精神的な生命、命の火、生命のシンボルがなくなるということは、自分が日常の世界のなかに、裏返されたボールみたいに、全部ひっくり返されてはりついてしまうということです。

芸術家として生きることは非常に厳しいことですね。ある意味では頽廃的な生活が芸術を豊かにするとロマン派の人たちは考えました。そういう面は確かにあるかもしれないけれども、基本的には健康な生活以外に生命の火を保ってはいけない。丈夫な体がなければ絶対に強い作品は生まれないし、そういった激しい精神の営みを支えきることはできません。文学をしたい、小説を書きたいと思っている人は、まず最初に体を鍛えて、強い精神を持つことです。本当にギリシャの人たちが言ったとおりですね。

上にいく力と下にいく力

その次に大事なことは、書くことに対して、言葉に対して、それを畏れるかのように尊敬すること、大事に思うことです。泉鏡花（一八七三〜一九三九）が、ある人に、君のお嬢さんは何て名前だねと聞くと、ハナコという名前ですがちょっと特別な字ですよ、と畳の上に字を書こうとしたので、字を畳の上に書くとは何たることだと怒ったという話がありますけれども、そのくらい言葉に対して、大事だという気持ちを持ってほしいと思います。

しかし同時に、言葉を自分の体のなかにとりこんですべてかみ砕いてしまう。どういうことかというと、最近あなた方はワープロを使っておられるからよけいそうでしょうけれども、言葉が自分の前にあって客観化されてしまう。そうすると、ここの形容詞が気になるとか、ここの句読点が気になるとか、ここは「……である」だな、いや「……だ」だなとか、いろいろ気になる。そういうことがまったく気にならなくなるまで、言葉を自分の体のなかに消化してしまうことが大事です。

そのためにはどういう方法があるかというと、それはもう書くしかない。日記だろうと論文だろうと何でもかまいません。とにかく時間のあるかぎり書くことです。もうひとつは、先ほどの「好き」ということと同じですけれども、好きな小説家の作品を絶えず繰り返し読むことです。ものを書くうえで大事なことは、知識ではまったくない。あなた方がものを書くのに必要なものはすべてもうあなた方のなかにあるんです。これは高校生の諸君もそうだし、すでに編集の仕事をされている方もそうだし、共通して言えることです。ただ、それを発見できないでいるだけですね。そのことをよく考えてほしいと思います。

もうひとつ、先ほど「上にいく力と下にいく力」ということを言いましたが、常にドラマティックにものをつかまえるという訓練をしてください。電車に乗ったら、ぼんやり吊り広告なんか見ずに、前に座っている人間を見てほしいと思います。その人間のドラマを常に見る。すごく特徴的な人だったら、その人のことを必ずメモしておく。これは大事ですね。おでこがはげているとか、鼻が高いとか、ギョロ目といったことも大事ですけれども、それ以上に、その人が幸福になろうとするどういう意志を持っていて、それを邪魔しているのは、あの人の弱気なのかしら、学校を出られなかったというコンプレックスかしら、やたらに背が高すぎるせいかしら、というようなことをメモすることが大事なのです。そういうドラマを、書かないまでも、絶えず考える。たとえば、建物ひとつ、道の小石ひとつ見ても、ドラマとして見なければいけないと思います。常にドラマには二つの力がある。道の小石を小学生がポンとけって石が転がったというのもドラマです。そのひとつの石が止まりたいという意志を持っていて、けるという別の力が働けば、そこにひとつのドラマが当然できます。それも大事なこととしてつかんでおいてください。

ものを書くときは必ずそうですけれども、読んだ人の心を最初の一行でグッとつかまなければいけません。最初の一行です。自分の心のなかに常に二つのものがあって、それは冒頭と結末です。ルポルタージュを書くときでもそうです。最初の一行で読者の心をつかまなければいけない。事実のルポだから説明がなくてもいいだろうと思ってはいけません。最初の一行ですね。そして、最後の結末もだいたいにおいてはっきりつかまえておく必要があると思います。悲劇に終わるか、ハッピーエンドに終わるかということですね。

最初に、あるテンション、緊張の状況をつくり、最後にそれを解決する。緊張が解きほぐれる。解放される。緊張をつくり、そして解放する。すべてのものにドラマを見るのと同じように、常にその二つのものを考える。ただ、あ、電話をとり上げた、というふうに見てはいけない。電話をとり上げるということは、すでに緊張状態が生まれている。電話を下ろすと、緊張が解放される。あらゆるものがそうです。何かものを立てる。立つという状態は緊張している。横に倒れると緊張は解ける。

たとえば、あしたまでにドラマを書いてきてくれというときに、あわてる必要はまったくなくて、緊張の状態をつくればいい。緊張の状態とは、ともかく上にいく力、何かを求める力、反対の力がパッとできればいいわけです。

ぼくは、このところずっと江戸時代の話を書いているのですが、連載などたくさんの小説をかかえているので、あと一日とか、ギリギリになって書かなければならないことがよくあります。いろいろ伏線を張って、探偵小説のようなサスペンスドラマにしよう、そのパロディをつくろうと思っていると、辻さん、大変なんじゃないか、とみんな言ってくれるのですが、全然そうじゃなくて、その人物がこういう方向を願っていて、それを実現できない方向があって、それを江戸のなかに置けば、ひとつのドラマとしてでき上がってくる。あとは、自分の願わしいこと、こうあってほしいということが全体ににじみ出てくればいい。それは、常にそういうこととして自分のなかにつかんでおかなければいけません。

これはピカレスク・ロマン、ピカロ小説のなかでも典型的な例ですが、力のある優しいハンサムな青年と王女様の結婚式がまさにあした行なわれるという日に、突然海賊が現れて王女様をさらっていってしまう。上を下への大騒ぎで、その男は王女様を追っていく。これはバロックの小説というか、ピカロ小説には絶えずある話ですけれども、この小説が百二十一章で終わりだとすると、第一章のあとは全部、地中海のあちこちの港で海賊を追って、次々に起こる冒険談で、最後にお姫様と逢えれば、それでいいわけです。そういうつくり方、継起的（successivement）に出来事が起こっていくというピカロ小説としてのやり方があったわけです。

それに対して、十九世紀の初め、イギリスのウォルター・スコット（一七七一〜一八三二）の歴史小説あたりから導入されたわけですが、ドラマを空間化していく。それまでのバロック音楽が、絶えず同じメロディを繰り返し演奏しながら続いていくというやり方と、いま言ったピカロ小説のつくり方はまったく同じですが、今度はそうではなくて、ベートーヴェン（一七七〇〜一八二七）のように非常に力学的に、空間化されたハーモニーの塊としてつくっていく。バルザックの小説のように非常にドラマティックになっていくわけです。空間的に盛り上がるというのは、次から次へと順々に事件が続いていくのではなくて、ビルディングを構築するように出来事が固まって、いちばん高いところに解決がある。

バルザックの『絶対の探求』は、バルタザール・クラースという男が、金ができるはずだと、錬金術に夢中になり、ベルギーにある彼の大きな屋敷の家具や、奥さんの宝石も売られ、最後に何もなくなって、不幸なことが全部起こって、最終的に、よし、できた、と言ったら、それはまったくゼロだった、というような話です。先ほど話した海賊に王女様を誘拐された話もたしかに続いてはいきますが、後者の場合は、バルタザール・クラースが高く上り詰めていくことによって、すべてが構築され、ドラマが立体化されていきます。そのように十八世紀から十九世紀の間に小説の大きな転換が行なわれているわけです。

現代はそういう小説の形すら放棄してしまった。つまり、ナラティヴィテ、ストーリー性を放棄して、非常に感覚的なものになっている。もちろん感覚的なものによって小説をつくることもすごく大事ですけれども、同時にストーリー性でパッと第一行で読者の心をつかんで最後まで離さず、最後に、おいしいものを食べたあとのように、ああ、おいしかった、楽しかった、という充足感を与える小説が書けたなら、あなた方はあしたから一躍小説家として食べていけます。そういうこともできないといけないと思います。何でもできることが、プロの小説家になる大事な条件だと思います。

それには、中心に自分のいちばん好きな、感動させるところのもの、生命のシンボル、生命の意味を持つことです。常に小説の性質、いろいろな構造を日々の観察のなかに学び、同時に、読者の心をつかんで離さない、読者を引っ張っていけるような力を自分のなかに持つことです。そういったことを順々に自分のなかに入れていく。結局、小説には決められた形がないわけですから、何を書いてもいいという、ある意味ではいちばんルーズな文学形式ですから、そういうことが最大の魅力をつくり出すもとになるのではないかと思います。

いいですか。このことを忘れてはいけません。あなた方一人ひとりの大事な一回こっきりの人生ですからね。一回こっきりですよ。二度も三度も生まれてこないんですから、一回こっきりの大事なきょうのこのときだと思うんですよ。こんなに大事なときに、あしたもあればあさってもあれば、きのうもあったし、きょうなんてどうでもいいや、ではダメなんです。この一回こっきりの自分というもの、自分のいまの世界を本当に大事にしてください。刻々とそこからしか生命のシンボルはつかめないし、本当の創造力も生まれてきません。これは肝に銘じて、ほかのことは忘れてもいいから、あなた方の生きているという大事さを、今夜寝るときに一人でよく考えてください。

（一九九三年二月一七日「小説の魅力」、メタローグ「CWS創作学校」）

Ⅱ　小説における言葉

Fact＋feeling
言葉によって世界をつくる

小説は言葉の箱

これまで「小説の魅力」ということでお話ししてきました。しかし、小説というものは、ただ書く迫力だけじゃどうにもならないわけで、多少才能もありますし、かなりの運もあります。しかし、皆さんがせっかく頑張ったのに、自分の思ったとおりに仕事ができなくて挫折感を味わうようなことになったら、勉強したり、いろいろな話を聞いたりしたのに大変だという気持ちが湧いてきまして。それで、文学とか書くことに向かうときは、文壇に出るとか、お金を儲けること以前に、すでに自分がものを書くのが好きだとか、本を読むのがものすごく好きだとか、そういう内面的な活動をしていると非常に充実した生き方ができる、そういうことだけで、すでに最初の目的は満たされているんだということを言っておきたいと思ったのです。

何かを書こうとするとか、書かれた小説や評論や詩を読むのが好きだというとき、ちょうどこの世に生まれてきて、いわば生きるという喜びを平等に分け与えられているのと同じように、書くことについての意味は、それで九十九パーセントは達成されたので、そのあとのこと、たとえば、挫折したとか、普通の人が言うようなことは、取るに足らないことなのです。

挫折したらどうしようか、文壇に打って出られなかったらどうしようか、小説を書いて、新人賞に入らなかったらどうしようか、といったことは、自分の運命にとってはかなり軽いもので、あなた方が、本当はここにいるということ、こうやって何かを考えるということでいろいろ満たされていると感じられて、納得されて、心の動揺はなくなったということを前提にして、今回は小説だけについて、小説に関わりながらお話ししたいと思います。はっきり小説の魅力というものにうまく到達できるか、そういうものを皆さんにわかっていただけるかどうか、いまのところちょっと自信がないんですけれども、少しずつお話ししていきたいと思います。

まず最初に皆さんにお話ししたい、いちばん大事なことは「言葉」の問題です。これはいろいろなところで結局は誤解されている事柄で、とくに小説における言葉は非常に大きな誤解をされています。おそらくあなた方のなかにもそういう誤解を持ったまま文学を書いたり読まれたりする方が多いと思うんですけれども、まずその問題をきれいに整理して、文学における言葉という根拠をしっかりと定めるために、まずそこに触れていきたいと思っています。

フランスでは本屋さんの小説のコーナーへ行きますと、「ROMAN」と書いてあります。フランス語は昔、字を扱う人がラテン語で勉強したり書いたりしていました。ですから、その当時の俗語、ロマンス語で書かれた、女の人が読んだり、好奇心の強い子供たちが読んだりする読み物という意味で、小説はロマンとなったのです。イギリスやアメリカに行きますと、小説はフィクションといいます。フィクションとは架空のことで、「FICTION」というコーナーに小説が並べられています。

日本では「小説」と言いますけれども、英語圏の人たちはフィクション、つまり架空のこと、ウソ、絵空事という意味で使っています。これはどういうことかといいますと、まず最初にイメージしていただきたいのは、嵌木《はめき》細工のきっちりとした箱で、小説は言葉という素材でつくられた緊密な箱のようなものだと、考えてください。そのなかにはいろいろなものが詰まっているけれども、それはまったく架空のことなのです。

一方で、日本では「ノンフィクション」という言葉があって、フィクション以外のものすべて、現実に関わるすべてのものを対象としています。いまの政治不信のもとになった金権政治の体質をレポートするとか、マニラで起こった殺人事件をレポートするとか、新聞記者やノンフィクションの作家が行って調査する。ここで大事なことは、きちんと調査をして、事実の真なるところはどこにあるかを追究することです。

そのレポートに使うのは、やはり言葉です。ぼくらの場合は日本語です。もちろんテレビその他映像の媒体によってレポートすることもありますから、マニラにカメラマンが飛んでいって、そういう事実のところを重点的に写して、それを報道するわけです。ぼくらはテレビの画面でそれを見ますが、いろいろなコメントを聞きながら、画像を読み出していくわけです。もし画像だけで、説明もなく、テロップもなければ、どういうところか詳しくはわからない。自動車が走っているとか人が歩いているということはわかるにしても、どういうことのためにそれがあるのかわからない。したがって、われわれは言葉で画像を処理しているわけです。画像は、ノンフィクションなりの言葉によるレポートの挿絵のようなものとして、よりいっそう豊かに情報を伝達する。

ここでフィクションとノンフィクションとに分けましたが、ノンフィクションのほうはすべて現実の言葉に属している。それから外れてはノンフィクションの意味がありません。ですから、その事実の真なるゆえんを追究することがノンフィクションの意味です。それに対して、フィクションは、現実に関わる以外のことに所属する。フィクションによってつくられた架空の事柄を言葉によって構築し、「言葉の箱」のなかにそういうものを詰め込むという作業、仕事であるというふうに考えていただきたいと思います。

実は、このことが小説の根本的な性格を規定しているのです。ところが、おそらく皆さんのなかのかなりの方々が、いや、小説って、リアリズム小説もあるぜ、レポートを根底にした小説もあるぜ、産業小説もあるぜ、小説家の身辺を描いた私小説もあるぜ、と言うでしょう。フィクションであるにもかかわらず、それは現実と結びついて、ある意味では、ノンフィクションの作家が現実をとらえるのと同じように、たとえば、ゾラのような鉱山の爆発を描き出す作家がいるとして、それは社会的なファクター、産業的なファクター、構造を調べて、それを小説的なかたちに書いている場合、これは現実に所属していないのかという問いが当然出ると思います。それは小説であるかぎり関係がないと言わなければならない。

あなた方が、いちばん小説を書いてみたいと思うようなとき、自分たちが経験したいちばん大変なこと、たとえば、愛していた人が死んでしまったとか、自分の一家が離散してしまって、非常に苦労して、やっと生活の光が見えてきたというような、自分の身辺における最重要事であるような出来事を、ともかく書くことによって、そこから自分が抜け出そうというようなことがかなり多い。多くの人たちは最初は自分の身辺のことから書き始めると思いますが、それを読んだときに、非常に優れた文学作品として読者の胸を打つためには、その小説を書いた人が経験した事柄と事件との間に、ある切断が生まれていないとダメなんです。現実にあったことを記述するというのは、情報の伝達ですから、言葉は情報伝達の手段として使われています。しかし、ここにいま切断を行なわなければいけない、その間の関係がなくならなければいけないと申しましたのは、実は、この二つの間に大きな次元の相違とか質の相違が生まれてきているということです。

ちょっと先回りして、具体的な例を最初にお話ししたほうがいいかと思います。たとえば、皆さんが、だれかの誕生日とかお祝いといって家族の写真を撮る。家族の写真はたくさんあって、アルバムに貼りますね。あるお宅に遊びにいって、ぼくが会いたい人は近所にたばこを買いにいっていて、戻るのに十分ぐらいかかるから、最近の写真を見てください、と家庭のアルバムを見せられることがあります。一応見て、何ちゃん、何ちゃんと言いはしますけれども、実際には全然おもしろくない。感動もしない。時間がたってもなかなか帰って来なくて、おじいちゃんのもありました、なんてアルバムを見せられると、まったく閉口する（笑）。おそらく皆さんもそういう経験があると思います。

なぜそれがつまらないかといいますと、カメラという媒体を通して現実を記述しているだけだからです。つまり、情報伝達として写真が使われているわけです。ところが、芸術的な写真をつくるプロのカメラマンが、同じその家の人たちを写すと、ある日付に起こった事実的な内容を伝達するのではなくて、家庭の全体の姿をとらえる。

あるいは、引揚者で、朝鮮で苦労して帰ってきたおじいさんの、しわの多い顔に刻まれた歴史とか、カメラマンがその人に感じたある感動を写しとろうとする。ここで撮られるのは現実に違いはありませんが、それは事実としての現実、情報の内容としての現実ではなくて、そのものが語りかけている感動を何とかしてカメラに定着しようとするものです。そう思うときには、現実ではなくて、ひとつの感動、畏れ、情緒が生まれてくる。

同じ事実でも、情報の対象である場合と、こちらが感じたある強い感情、情緒を伝えようとする場合とでは、非常にレヴェルが違うということになります。それは、いまの二つの写真の例でおわかりになるかと思います。

それは言葉についても同じで、フィクションは、そういう意味では、厳密にいうと、現実の対象を書くことはありません。モデル小説、私小説、リアリズム小説といいますけれども、あるいは、小説家が取材にいき、現実にある情報源を求めにいきますが、そういうことは、いま言ったこのかたちでいうと、いかに言葉の矛盾であるか、事実の矛盾であるかということがわかります。そして、フィクションの架空の出来事、場所、人物は、実際に小説のなか以外にありえない、つまり、現実のどこかに探しにいってもありえない。

たとえば、ぼくは昔、『安土往還記』という作品のなかで信長のことを書きましたが、そこには安土城も出てくれば、堺も出てくれば、いろいろなところが出てきますけれども、それは、堺の町に行っても、安土のお城の跡に行っても、存在してはいないんです。本のなかにだけしか存在していない。ところが、あるとき、堺の町の描写があまりにも歴史的な真実に迫っているといわれた。これはイタリア人が書いたことになっていて、イタリア人がその時代に日本に来て、堺の町を見て、そこで生活した情景をこの手記に書き込んで、本国に送って、イエズス会の文書館にそれがあるという小説で、これもフィクションですが、それを研究した方が、辻邦生の書いた『安土往還記』という作品は実に立派な記録であって、私が調べたのとまったく同じだ、と言う。それは同じなんです。その人の歴史的な研究をぼくが勝手に借りて（笑）、それをイマジネーションで溶かして書いたわけですから。しかし、彼は小説は真実だと思った。そうではないんですね。情報伝達があって、それにぼくは邂逅して、そこに強い強い驚きを持って、それをぼくは、堺の町々や安土城の青い瓦の天守閣などによって表現しただけであって、実際、それが客観的にあるから、あるいは、あったから書いたというのではまったくないんです。

現実を書かないということは、小説、フィクションを書く人と、それからノンフィクションを書きたいという人も、踏まえておいていただきたいと思いますけれども、間違うところです。フィクションを書いている場合には、たとえば、バルザックの『ゴリオ爺さん』のなかで、カルティエ・ラタンにあるヴォケール館（メゾン・ヴォケール）という下宿屋さんが出てきますが、バルザックと同時代の人がそこに行ったら実際にそれがあったかというと、そんなものはまったくない。バルザックが描くパリはほとんど夢の世界なんです。あたかもあったかのように描かれているけれども、あれはバルザックが頭のなかでこしらえ上げていった世界なんです。何通りのどこはどんなふうだと書かれていますけれども、あれはほとんど彼の夢想です。

また、たとえば、ドストエフスキーの『白痴』のなかに、ラゴージンという情熱に燃えた、がむしゃらな男が出てきますが、彼が最後にナスターシャを殺す緑色の不気味な家も、ロシアに行って、サンクト・ペテルブルグの町を歩き回って、そんな家を見つけようと思ったって、存在しない。何丁目何番地と書かれていても、ウソなんですね。その家に入り込んだり、その家の感じを味わうためには、ドストエフスキーの作品を読まなければならない。それはバルザックの場合もまったく同じです。その作品のなかにしかない。つまり、言葉でつくった箱のなかに詰め込まれた、その箱のなかにしかないんです。パリもそのなかにしかないし、ペテルブルグの町もそのなかにしかない。

ぼくたちは新聞などで家の描写を見ます。眺望絶佳で日当たりがよくて、3LDKで、海も近く、どこそこへ何メートルとか、詳しく書いてある。それは現実であって、それに対する記述で、それは情報伝達ですね。そこまで行けば、現実にそういうものがある。そうでなければ、それは虚偽の記述になります。その記述を読めば情報伝達は済むわけです。暇な日曜日の午後、ダラダラと新聞ばかり読んでいて、広告の隅々まで読み尽くして、どこも読むところがなくなることがありますけれど、そういうときの新聞は、どうひっくり返してもただの新聞紙になってしまう。つまり、情報は全部こっちに入ってきてしまった。ちょうど水をあけた空のバケツと同じです。

書いたその文章によってしか、その家のなかに行けないとか、その場所を見ることができないというのが小説の文章で、現実でない切断があったりする。このことが実は、いちばん大事なことなのです。これからその理由を申し上げます。小説における記述は現実に所属していない。われわれの夢想、想像力、内面の世界にのみ結びついて、それを外に表すものだということを、まず考えてください。これはすごくすごく大事なことで、言葉というと、すぐ記号だとかいいますけれども、そうではない。言葉というのは、われわれが心のなかに思っている世界を現実のものにしてくれる、いわば素材あるいは手段なんです。つまり、本当のものをつくり出す手段です。「poésie（詩）」という言葉はギリシャ語のポイエオ（つくる）という動詞からきています。つまり、言葉によって内面の世界をつくるということで、これはとても大事なことです。

言葉は、ぼくたちにとって最大のすばらしい素材です。それは、いままで存在しなかったものを存在させるからです。ここに五十人の方がいるとすれば、なんとすばらしいことに五十の新しい世界があるわけですね。一人ひとりの人はそれを心のなかに持っている。

ところが、皆さんの多くは、小説というと、なんかすごい現実だ、途方もない冒険だ、サスペンスだ、ミステリーだと思うものだから、何か現実をキョロキョロ見て、一生懸命それをコピーしようとする。新宿を取材しなければとか、パリに行かなきゃダメだろうかとか。全然そんな必要はない。自分の心と言葉があれば、この世界はたちどころにあなた方によってつくられるわけですね。だから、こんなに自由な人はいない。ここに五十人の自由な人がいると考えるだけで、心が晴れませんか。ぼくは晴れますね。すばらしいことだと思います。ところが、現実に従属して、現実の奴隷になっているばかりに、コピー、コピー、コピーをしなきゃ、取材をしなきゃ、と思う。取材はお金がかかり、ばかばかしい。じっと空の雲を見ているだけで、どんどん世界ができてくる。こんなすばらしいことはありませんね。いちばん最初に言葉の箱を、言葉によって世界をつくり、その箱のなかにあらゆる世界が積み込めるんだという信念を持たないばかりに、ゴソゴソと歩き回る。これが本当に強い作品の生まれない第一の理由だと言っていいでしょう。

心のなかを無にする

いま、小説は、言葉でつくる箱のなかに世界を入れることだと言いましたが、では、どうして資本主義のリアリズム小説とか、あるいは社会主義リアリズム小説があるのか。社会主義リアリズム小説は、ぼくらの青年期には大手を振って歩いていた文学の流派で、小林多喜二(一九〇三~三三)の『蟹工船』とかショーロホフ(一九〇五~八四)の『静かなドン』のような傑作は確かに生まれていますけれども、そういう人は、社会主義リアリズムだと言いながら、現実と切断した記述ができたからです。これはあとで順々にわかってくると思います。現実の社会がわれわれを超えているにもかかわらず、われわれが現実の社会をつかむためには、現実を探訪して回って、その細かい成果をいかにプラスしても、全体に達することはできない。これは、アメリカでドス・パソス(一八九六~一九七〇)が試みています。細かい事実をどんどんつくり上げて、『U・S・A』という小説をつくるわけですけれども、それで本当にUSAの全体がつかめたということはないんです。

それに対して、たとえばトルストイの『アンナ・カレーニナ』は単なる恋愛小説ですが、アンナ・カレーニナがウローンスキーというハンサムな将校に恋をして、亭主を裏切って、離婚しようと思ってもできなくて悩んでいるという小説のなかに、十九世紀のクリミア戦争が始まる直前のロシアの社交界なり田園の矛盾なりが、実にいきいきと描かれていて、読んでいて、あたかもぼくたちがロシアのその時代に生きているかのように思え、非常に強い感動を受ける。それは、トルストイが小さな事実を足していったのではなくて、彼自身が生活を通して強く直観したものを自分のなかにじっと持ち堪えていて、ある部分は思い出となってただ残っているものもあるし、あるものは一生懸命記述したり、あるいは、彼は実践家でしたから、学校をつくったり、村の小学生たちに生活をさせようとしたりした、そういうものの総和が彼のなかに蓄積されて、ひとつひとつ、それと名付けることのできない、全体の情感、感動、情緒の渦となって残り、それがあるとき突然出てきたからだというふうに考えることができます。現実と記述との間に非常に大きな相違があるということが、ここでも実証されるわけです。

前回もお話ししましたが、中島敦という作家を皆さんご存じだと思います。『山月記』『李陵』『光と風と夢』などの作品があり、すばらしい作家です。読んでいない方は、ぜひ読んでいただきたいと思います。いま、ちくま文庫で、三冊本だったと思いますけれども、全集が出ていますので、読んでみてください。最後の作品の『李陵』が、最初に『文學界』に載って、結局、彼はそれを見ないで、三十三歳で非常に若くして死んでしまい、ほとんどの作品は死後に発表されています。幸いにして、初期の習作がけっこうたくさん残っていますが、それは自分の身辺のことを書いているわけです。自分のお母さんのこととか、自分がいかに悩んだかというようなことを書いている。おそらく皆さんが初めて小説を書き始めたときは、きっとこういうようなものを書いただろうなと思われるような作品です。それには大きな夢とか、激しい振幅のある感動はありません。

ところが、刻々と彼のなかで変わってくるんですね。いまのサイパンなどは昔は日本の委任統治で、日本の内務省が管轄していました。彼は食べるために役人をしていましたので、委任統治地に行ったときの報告書や日記と、サモア島でスティーヴンソン(一八五〇～九四)が亡くなるまでの話を書いた『光と風と夢』を比べてごらんになると、いかに文章が変わってきたかということがわかります。

『光と風と夢』の輝くような文章、あるいは『山月記』や『李陵』など、中国の古典に題材をとった作品の文章の格調の高さと比べると雲泥の差です。どうしてそんな差が生まれたかというと、初期の作品のなかには、対象としての現実があまりにも多くて、彼の想像力がそれを取り囲むことができなかった。というよりも、目の前にそういうものが現実としてあるわけですから、彼は自分の想像力でいろいろなものを書くことができない。つまり、書かれたひとつひとつのものに感動なり情緒なりをふんだんに折り込むことができなかった。ですから、本当にひからびた、カスカスした、いかにも寒々しい書生部屋で一人の青年が書いていたというような小説の感じで、これは第一級の小説とはいえません。もちろんそれは中島敦の資質をマイナスにするのではまったくなくて、逆のことですが。そういうことをぜひ考えていただきたいと思います。

ここには五十の新しい世界があると言いましたが、私は人と違う新しい世界を見るような特別な目玉は持っていない、平均的な見方しかできない、とあなた方のなかの謙虚な人たちはきっとおっしゃるに違いない。しかし、そんなことは絶対ない。一人ひとりが別々な顔をしているのと同じように、一人ひとり別な世界を持って、別なものを見ている。これは実証することはできませんけれども、実際に書かれるものを見ていくと、だんだん実証できるわけです。

そこで、まずいちばん大事なことは、現実というものを消してしまうことです。情報源になるものを消してしまうと、白紙、無が残る。つまり、ぼくたちの心のなかに何もなくしてしまうことが大事です。ぼくたちにはいろいろな記憶がありますけれども、少年時代や少女時代の子供のころの記憶は、幸いなことにしてかなり消えていますね。しかし、とくに幼年期の記憶は非常に強烈なものが残っています。母親の記憶、父親とかお祖父さんとか友達の記憶、どこかへ行ったときの記憶が残っている。ぼくは三つぐらいのころの記憶がありますから、もう少し先の記憶もあるような気がするんですけれども、すごくはっきり見えるものが残っています。しかし、そんなにたくさん残ってはいない。残っているのは非常に鮮明だけれども、ごくわずかです。ということは、まったく白い紙の上に、その映像が前後の関係なくポツンと浮かんでいるだけだからです。

ぼくたちが何かやろうとするときは、ともかくすべて消してしまう。自分の内部から、たとえば、天国に行こうと思ったら、真っ白のなかに天国のイメージを書いていく。そうすると、みんな同じようなことを教えられていますから、だいたい似たような天国しか書けません。地獄というと、すごく想像力を刺激しますから、火が燃えていたり、地面が割れていたり、怪獣がいたり、いまの若い人たちはもっと新しいいろいろな怖いものをつくる。つまり、白紙のところにつくっていくことから始めることが大事だと思います。

いままで書くというと、経験的な出来事をレポートする。ぼくたちの子供のころ、生活つづり方というのがありましたが、ウソを書いちゃいけませんよ、実際にあったことを書きなさいよ、と教えられていました。現実に見たものが真実なんだというこ とでした。ところが、そうではなくて、ぼくたちの想像力が可能なかぎりのイメージを描くと、そのなかに可能なかたちでの真実が生まれるのです。現実を集めてレポートして伝えられなければならない真実はもちろんあります。しかし、同時に、直観でつかみ、心の奥底に沈んだイメージとしてつかまえているものが、自由なかたちで出てくることが、ものすごく大事になってくるわけです。

まず最初に、ぼくたちは心のなかを無にする。つまり、白紙にして、その上にいろいろなものを自分の想像力で描き出す。現実はどうあっても、そんなことは私は知ってはいない、私はこういうものが好きなんだ、地獄はただ真っ白な真っ白な真っ白なところで、火もなければ、針の山もない、ただ真っ白なのが私の地獄で、そのかわり、摩擦もないから歩けない、どこかへ行こうと思ってもダメだ、というような地獄。ヴィトゲンシュタイン（一八八九〜一九五一）の地獄はそういうものらしいけれども、そんなふうにして考えるわけですね。真っ赤な地獄でもいいし、真っ白な地獄でもいいし、色が刻々に変わる恐ろしい地獄でもいい。自分に合わせたかたちで書いていくということです。

ですから、想像力によって自由に書くことがまず最初です。あなた方はきっと好きだと思いますけれども、ヘミングウェイは十九歳のとき、第一次大戦で志願し、看護兵となって、イタリア戦線に従軍し、看護婦さんと恋愛をしたりするんですが、怪我をし、陸軍病院で治療を受け帰ってきて、アメリカの田舎で新聞記者をします。その間に彼はパリに行ったりしますが、非常に強いインパクトを受けたイタリア戦線の出来事を『武器よさらば』という小説に書くのは、なんと十年後だったのです。つまり、それを追憶のなかに全部入れてしまった。現実のイタリアの戦線、ウーディネという町から見たアルプスの姿、雨の降っているミラノの町などは、まったく自分のなかから消えてしまって、そういうものを引き出すときは、自分の心のなかで、ミラノの夜の雨がどうしても書きたいと思うまで待つわけです。ですから、そこで書かれたミラノの雨は、彼が実際に経験した雨ではない。

つい先年亡くなりましたノサック(一九〇一~七七)というドイツの作家は、歴史小説を書くときの心得として、こういうようなことを言っています。たくさんの資料を調べてノートする。川中島の合戦なら川中島の資料をいろいろと調べる。そして、大事なことは、そのノートや読んださまざまなことをすっかり忘れることで、自分の読んだ知識をあたかも自分が経験したことのように思われるまで、そういうものは全部忘れる。川中島の霧のなかで上杉謙信の軍隊が動いていくのを見たとか、葦の上をそよぐ風の音を聴いたとか、川の石を川の水が転がしていくかすかな音を夜聴くとか、そういうイメージが残って、かつて知識として学んだものが自分の実際の経験として感じられる。つまり、これは事実ではなくて、まったく白紙になった状態で、そこから想像力で書いていくという状態に入る。

いまお話ししたことはいちばん大事なことで、このことが本当にあなた方の心のなかにしっかりと入って、自分の想像力が生んだイメージによって書けるかということです。かつての思い出、かつてのたくさんの出来事、パリでの恋愛事件、雨のしぶきも全部自分の心のなかから出てきて、それが「言葉の箱」のなかに入れられていけば、必ず力強いものが生まれる。外との切断をどうやって、自分がどう無のなかに立って、自分の小説の世界の出来事の舞台を浮かべるかということです。

夏目漱石の『文學論』

後半は夏目漱石（一八六七〜一九一六）についてお話しします。漱石を読み起こす作業は実にいま新しい。とくに、若い方たち、現代の時代に生きている人たちが、現代的な意味で漱石を新しく読むのは、驚くべきことだと思うんです。それだけわれわれの生活している精神のレベル、魂のレベルが水位を上げてきているのでしょうね。

たとえば、シェイクスピア劇は、ぼくの学生時代には、とてもそんなにあちこちでやっている芝居ではなく、難しい芝居だったんです。先生がおっしゃるには、シェイクスピア（一五六四〜一六一六）は難しいから、とくに歴史劇から先に読みなさい、つまり、歴史劇はすべてつまらない作品だと。そして、四大悲劇はおもしろいから、あとからでも読めるというわけです。ところがどうして、歴史劇は実に波瀾万丈で、おもしろいんですね。あなたたちには信じられないでしょうが、ああいうものをつまらないと感じた時代が実際にあったんです。それがあんなふうに自由に上演され、多くの人たちが現代劇と同じように笑って観ているということは、観客が変わったんですね。

それと同じように、漱石も変わった視点、観点で読まれるようになりました。しかし、漱石の出発点になった『文學論』は、皆さんはあまり読んでいない。『文學論』の最初のページに何て書いてあるか知っている人は？　読みましょうか。こう書いてあります。

凡そ文學的内容の形式は（F＋f）なることを要す。

全集本のなかでも厚い『文學論』は、（F＋f）のヴァリエーションと言えます。どういうFがあるか、fはどういうふうに変化するか、どういう種類があるかといったことで、バッハやベートーヴェンの小さなフレーズが次々に演奏されて、大きな変奏曲になるのと同じです。まず根底に（F＋f）がある。

その次を読んでみましょう。

Fは焦點的印象または觀念を意味し、fはこれに附着する情緒を意味す。

Fは Fact、fは feeling で、この二つだけだというわけです。「凡そ文學的内容の形式は（F＋f）なることを要す」。これだけです。なんと簡明にして率直で、これ以上に文学を煮詰めることはできないでしょう。これが、ロンドンの孤独な生活のなかで巨大な人がつくった、文学とは何かということです。文学とは何か、（F＋f）。すごいですね。

されば上述の公式は印象または観念の二方面卽ち認識的要素（F）と情緒的要素と（f）の結合を示したるものといひ得べし。吾人が日常經驗する印象及び観念はこれを大別して三種となすべし。

「（一）Fありてfなき場合……」は、すなわち事実だけで、だいたいにおいて何もない。それから、現実を書くとき、情緒を混入してはいけない場合がありますね。たとえば、何か新しい病気の新しい治療法のレポートは正確で、情緒が入ってはいけない。そういう場合はFだけです。

（二）Fに伴ふてfを生ずる場合、例へば花、星等の観念に於けるが如きもの。
（三）fのみ存在して、それに相應すべきFを認め得ざる場合、所謂“fear of everything and fear of nothing”の如きもの。即ち何等の理由なくして感ずる恐怖など、みなこれに屬すべきものなり。

Fだけか、Fとfか、fだけか、この三つしかないというわけです。fだけの場合、すごく怖かったり、すごく感激しちゃって、いやあ、もう、すごいんだ、と言って、それきりの人がいますね。それはfだけなんです。Factがないと伝わらない。Factがあって、Factにのってfeelingが伝わっていくわけです。すごいんだあ、と言っていたんじゃダメなんです。やはり事実を知らせ、しかも、すごいんだ、なるほどすばらしい、というすばらしさを担ってくれているfがある。海辺でそよいでいる椰子の葉の葉音とか、優しい波が打ち寄せている渚とか、そういう南国でしかないものを実際に並べることによって、そういうfeelingが伝わっていくわけです。

ですから、（F＋f）は、そういう意味で、大発見というのも大げさですけれども、ここまで煮詰めてしまう人の精神は強烈です。これはものすごいことですね。

このあと、『文學論』を読んでいくと、皆さん方の心のなかで兆した疑問、Fはこういう場合はどうなるか、fはこういう場合どうなるかとか、いろいろな場合がありますけれども、これは百科事典のように細かく書いてある。これまた驚くべきことです。大部分は英文学からの引用なので、英語のよくできる方はいいのですが、ぼくはフランス語とドイツ語だけなものですから、いちいち訳文に当たりながら読んだのですけれども、できたら皆さんもそういう読み方をされるといいと思います。

ぼくたちが外界の認識によって書く場合には、多くしてfのほうを落としてしまう。つまり、feeling を含んでいないFを書くために、小説的な感動は全然起こらない。最初にアイディアとしてつかむ、その主題のつかみ方が（F＋f）になっていない。Fだけの場合が多い。あるいは、fの場合だけが多い。

そのことと小説の長さはやや関係があります。つまり、ぼくたちのなかでは「言葉の箱」だということは共通認識としてわかっていますが、それは無のなかに浮かんだ想像力だけによって支えられている、想像力がつくり上げたものであり、（F＋f）

の本当に結晶したものだということで、それは漱石の作品をお読みになるとすぐわかります。どんな一行でも、たとえば、外の天候の気配でもそうです。梅雨時の場面では、屋根の上で湿った音を立てている雨の音、外の道を通っていく人力車のタイヤの音など、必ず（F＋f）になっていて、しかも強烈なfeelingが漂っている。

それから、漱石を読んでいると、恋愛のかたちそのものが強烈な（F＋f）なんですね。恋愛のかたちはだいたい三角関係の場合が多いのですが、そのひとつひとつがなにか胸を引き裂かれるような悲しさ、哀切感、恐ろしさ、不安感をかき立てる。だから、いまでもあなた方は夢中で読める。ところが、漱石は倫理的な作家だなんて、すごく難しいことを言う。それも事実ですけれども、そっちのほうを見ないと、なぜぼくたちが夢中になるかということがわからない。

小説は、そういうわけで、一つの箱のなかに（F＋f）の様々な要素が入りますけれども、長編小説でも短編小説でも基本的なかたちとしては同じです。たとえば、トルストイの『アンナ・カレーニナ』のような膨大な小説もそのなかに入ります。アンナ・カレーニナとハンサムなウローンスキーという将校と、いつも大きな耳を動かしている、夫のカレーニンの三人の間のやりとりなんですね。これはトルストイが生活のなかでつかんできた、その時期のロシアの社会の全体像が彼のなかに集約されて入っている。それを箇条書きにしてごらんなさいと、もしトルストイが言われたら、いろいろな要素を克明に書いていったと思います。それくらい彼は、教育面ではこうこう、経済面ではこうこう、宗教の面ではこうこうというふうに書けた。しかし、それらをひとつの大きなうねりのなかに入れて、ぼくたちがそのなかに飛び込み、それと同じものを感じるようにつくるには、ただそれだけではない。

トルストイは、おそらくこういう思いを抱きながら生活していたと思うんです。それは正確に当たってみないとわかりませんけれども、いろいろな断片を書いていたと思います。ところが、これは有名なエピソードですが、ある日、トルストイが住んでいたヤスナヤ・ポリャーナのそばの駅で若い女の人が鉄道自殺します。それは、村のうわさによれば、不倫の関係を清算するためで、トルストイは異様なショックを受けて、それを見にいきます。そして、トルストイのなかでうごめいていた様々なモチーフが、村の女の自殺という一滴をぽたりと垂らすことによって、一挙に集中して、一つの作品になった。最後に主人公のアンナ・カレーニナが同じように鉄道自殺をしますが、その最後の一点ができたんですね。その前にいろいろな要素、つまり、アンナがウローンスキーに逢っているうちに、夫がますますいやになって、ウローンスキーと同居しますが、結局、それが破綻してアンナが死んでいくというプロセスがあって、その間にはウローンスキーとの本当に地獄のような葛藤があって、それで彼女は絶望して死んでいく。そういうことがパッと一挙に見えたと思います。

しかし、同時にまだ彼の胸のなかにたくさんの要素があります。アンナのお兄さんのオブローンスキーという人物が登場しますが、彼は、きれいなフランス人の家庭教師にちょっかいを出したために、奥さんが怒って家のなかに閉じこもってしまったため、子供たちが屋敷のなかをとび回っているという騒ぎで小説が始まります。そして、妹のアンナをペテルブルグからモスクワへ呼び寄せます。ある吹雪の夜に列車が着き、遠くからよくやってきてくれたと、オブローンスキーが出迎えにいきます。アンナは汽車のなかで同席した上品な老婦人と話をし、駅に着いて、またお会いしましょうね、と言って下りてくるわけですが、そのときに、お母様、と老婦人を迎えにきたのがウローンスキーです。彼は母親からアンナを紹介されて、二人はパッと目を合わせ、でもすぐ去っていくわけです。それがひとつの核です。

そしてまた、オブローンスキーの妻君の妹のキティはやはり煩悶していて、本当はウローンスキーが好きで結婚したいのだけれども、彼は全然動いてくれないので、レーヴィンという非常に実直で武骨な、しかし健康な生活をしようとしている良心的な田舎の地主と出会って結婚し、田舎に住んでいます。レーヴィンはトルストイの自画像といわれています。レーヴィンを通して、田舎の生活のいろいろなことが描かれている。そして、ウローンスキーを通してモスクワの生活が描かれ、アンナを通してペテルブルグの社交界、上流階級が描かれる。そういうかたちで全体が、アンナとウローンスキーとカレーニンの三人の間の不倫関係のなかで、どんどんといま言ったような結末に至る。

その間に、さまざまなかたちで田園が出てきたり、ペテルブルグのすばらしい夜会が出てくる。いちばん有名な場面は、競馬場でウローンスキーが騎手になって走り、絶対に本命といわれた彼が、何かの偶然で馬から落ちるところで、そのときにアンナがいままで隠していた恋、その情熱を全面にほとばしらせて、立ち上がって叫ぶわけです。それをそばで夫のカレーニンが見ていて、やはりそうだと納得する。

いま言ったようなことは、アンナの最後の運命にいくひとつの流れのなかで、つぎつぎに彼が想像したものとして出てくるわけです。だから、ああいうすばらしい作品ができ上がる。これはまさに（F＋f）の最高の作品と言っていいかと思います。

物語（ストーリー）の原型

長編の場合には、ある主題にまつわる全体を描く。この全体にもいろいろな制約がありますけれども、トルストイの場合には全体というのは、社会的にも田園的にも思想的にも政治的にも、すべての側面をいきいきとしたかたちで描く。それならば、長い時間が経過するから長編かというと、決してそうではなくて、たとえばジョイスの『ユリシーズ』は、たった一日の出来事が長い小説に書かれているわけです。また、長い生涯でも短編でパッと収まることがあります。たとえば、フォークナー（一八九七〜一九六二）の『エミリーに薔薇を』は、エミリーが亡くなって、薔薇が枯れて、その枯れた薔薇に一生が映っているということで、長い生涯を一編の短編のなかに書いています。そのテーマにどのように作家が関わるか、どのように感じていくかということで、非常に大きな違いが生まれてきます。

短編の場合、ある主題のいちばん突出した部分にスポットを当てるように照らし出します。短編小説の見本、手本、オリジンとしては、アプレイウス（一二五頃～？）の『黄金のロバ』のなかで、こういう部分があります。これは、確かエドウィン・ミューア（一八八七～一九五九）かだれかの小説論のなかで引用されているのが記憶に残っています。ローマでは、お墓の中の人の衣服をはいで、兵士たちがくじを引いて分け合うという流行がありました。ローマでは衣服のままお墓に葬られるわけですけれども、その衣服を狙って盗賊たちがやってくるので、死んだ人の家族は、白骨になって衣服もなくなるまで、ローマの兵士を雇って、見張り番をさせるという習慣があったそうです。あるとき、一人の兵士が頼まれたお墓のそばで番をしていますと、女の人の泣き声がする。聞き耳を立ててると、いかにも切なそうに泣いている。それで、近寄ってみますと、一人の女が墓石のそばで顔を覆って泣いているので、どうしたのですか、と聞きますと、私の夫はつい最近死んで、ここに葬られましたと言う。その若い兵士はハンサムな立派な男で、心の優しい人でしたから、この世にはいろいろな男がいる、あなたもつらいでしょうが、もうしばらく我慢なさいと一生懸命女を慰めると、女は明け方になって、ようやく泣きやみ、それで安心した兵士が自分の持ち場に戻りますと、なんと、その間に墓石がのけられて、中の衣服は全部盗まれている。

今度は彼がガックリする番で、彼がしょげていると、女の人が、どうしてそんなに青い顔をなさっているの、心配ありませんわ、私の夫の衣装を持っていきなさい、と言い、あんなに泣いていたかわいい夫から衣服を全部はぎ取って、兵士の守っていた遺体に差し出す。これは、女の人の薄情さを示すものか、あるいは、愛はかくも当てにならないものか、いろいろ解釈はありますが、それは必要ないんですね。

つまり、ある一点にスポットを当てて、くっくっと回っていくおもしろさなのです。オー・ヘンリー（一八六二〜一九一〇）の短編「賢者の贈り物」でもありますね。女の人が髪の毛を切ってしまったのに、男は髪につける飾りを買ってくるというような行き違いの話ですが、皮肉、道徳的な反語が主題になる場合もあります。

ここでの話のおもしろさというのは、短編の場合にとくにみられますね。長編の場合には、さきほどの競馬場の場面のような、非常に盛り上がった忘れ難い場面がありますけれども、突然大きな異変があるということはない。短編の場合にはやはりそういうことが必要で、それはプロットのうまさといえます。

ストーリーは普通は「物語」といい、プロットは訳語がないので、プロットといままでいっていましたけれども、ストーリーは、ある出来事を時の流れに従って、その場に居合わせたら、そう感じるであろうように、言葉で伝える形式です。逆にいえば、言葉で時間の順序に従って出来事を述べていくのがストーリーです。プロットは、筋とか論理的な骨組みとか、出来事のただ時間的な経過だけではなくて、どうしてそうなったか、あるいは、そこで出会った、それ故にこうなったなどということをプロットといいます。ですから、プロットのほうは、そういった理由、因果的な経過というふうに考えられます。

ストーリーとプロットの違いを簡明に説明しているイギリスのフォースター（一八七九〜一九七〇）によると、「王様が亡くなって、そして王妃様が亡くなりました」というのはストーリーで、時間の経過であり、「王様が亡くなって、悲しみのあまり王妃様が亡くなりました」というのは、理由づけや、因果関係があり、これがプロットだというわけです。

そのプロット自体にも（F＋f）で feeling がある。ストーリーそのものも feeling を持っていて、（F＋f）だということを同時に思い出してください。

ストーリーの順序として、発端において読者の心をギュッとつかむことです。いつまでたっても物語が進行せず、バルザックのある作品がそうですけれども、フランスの田舎の風景とか着ているもの、食べ物、住んでいる家の梁がどうで、壁の石はどうでということで、延々と何ページ読んでも進まず、長い作品の三分の二ぐらい、そういう話が続いたら、とても忍耐強くつきあえないですね。バルザックの場合は、バルザックの世界を知っている人で、その一行一行がおいしい御馳走のように読めるというところまでいくと、本当に楽しめますけれど、普通のわれわれにはまねできない。

イギリスの劇作家のバーナード・ショー（一八五六〜一九五〇）は、おもしろいんですけれども、思想的に非常に饒舌な台詞を書く。そして、ショー先生、作品を上演させてください、と言うと、一語たりとも削除してはならんと言うものですから、みんな恐れをなして、あまり上演しない。みんな観客が途中で帰ってしまう。ところが、ドイツで上演すると、すべて当たるんですね。ショー先生はすごく感動して、見ろ、イギリス人にはおれのような高級な劇はわからんのだ、と言う。ところが、あにはからんや、ドイツではショー先生の目が光っていませんから、余分な台詞は全部切って、そのために劇が始まったとたんに、みんな拍手する。長台詞がないですから、すぐ次に劇的な展開をする。これがまた非常におもしろい。

ですから、小説を書く場合、とくに短編の場合、本当のストーリーあるいはプロットに関係のない饒舌なものはすべて排除し、そのかたちに応じて夢中になれるようなショックを与える。

シェヘラザードは、夫の王様に翌日殺すといわれて、一晩だけおもしろい話をしたいと、話をする。そして、夜が明けてきましたから、今夜はここまでと、途中で話が終わる。すると、王様は次が聞きたくてしようがないから、殺さずに、もう一晩生かして、結末を聞こうとするわけです。シェヘラザードはまた翌日延々と話をして、夜明けが近づくと、今夜はこれまで、と終わる。そうすると、王様はもう少し聞きたいと言う。たまたま終わってしまうと、こんなにおもしろい話がまだございます、というこことで「千夜一夜」たつわけです。つまり、サスペンスはそれくらいうまくいったということですね。

たとえば、パトリシア・ハイスミス(一九二一〜九五)は十三ぐらい作品を書いて、出版社から全部返され、十四番目の作品を書いて、これがダメだったら、全部燃してしまおうと思った。ところが、十四番目の作品が出版社の目に止まり、それは大当たりして、あとの十三作は全部日の目を見た。こういう人もいるわけです。彼女は、シェヘラザードと同じで、必死になってサスペンスを書いたんですね。その場合、いちばん大事なことは、発端でパッと読者の心をつかみ、もう身動きならないというふうにして、最後までどうしても読んでみたいと思わせることです。

それは小説の魅力でもあり、ドキドキしながら本屋さんから買ってきて、最初の第一行から胸をグッとつかまれて、ガッと読んでしまうというのは、本当に幸せですね。そういう幸せは、探偵小説だって何小説だって同じです。フロイト（一八五六～一九三九）がこういうことを言っている。あるとき、いろいろと自分の理論を考えていると、隣で音がするので、そっとドアを開けてみたら、ベッドで小さな自分の息子が、小さなボールにひもをつけ、ポンと投げて、ボールいない、と言う。それからまたひもをたぐり寄せて、あ、ボールあった、と言う。子供は同じことを何度も何度も繰り返しますね。大人が理解できない、ある喜びをもって繰り返す。そこで、はたとフロイトは思った。あ、これが物語の原型だと。何かがなくなった、ないぞ、ないぞ、どうしたんだ、と探し、あった、と。発端は、ないぞ、ないぞ、で、最後は、あった、というわけです。

あらゆるものがパッとなくなったとき、たとえば、人が殺されている現場だって、犯人が消えているわけでしょう。だから、消えたものを探す。

あなた方が文学修業をしなければならないというときに、たくさんのことを書かなければいけない、原稿用紙で最低二十枚は書かなければならないというふうに考えないで、はがき一枚におもしろい話を書いて妹に送ったり、遠くにいるお母さんを喜ばせてあげる。そんな話はなかなかパッと出てきませんから、ギリシャ神話でもいいし、日本の神話でもいいし、おとぎ話でもいいから、それをあなた方の流儀で、うんとダイジェスト、アレンジして、単純化して、はがき一枚に書く。毎日、毎日、三百六十五枚たまったら、物語とはどういうことかが、体のなかでわかってきます。

ストーリーの原型は、空白をつくって、その空白を埋めることだというふうに単純化して、その全体は（F＋f）で、空白を満たす営み、出来事そのものが（F＋f）でなければいけない。ですから、ただおもしろおかしく書くのも、それはそれでわかりやすいけれども、できるならば、それが自分が現在生きているいちばん大事なこと、どうして自分ではつかめないのか、どうして人間は幸福になれないのか、どうして自分たちの間柄はうまくいかないのかというふうに、失われたもの、切実に自分のなかにある、もっと高級な内面的な問題も、いまのようなかたちでつかんでいくことが、小説を大事に考えることになりますね。

キャラクターとディテール

ストーリーの次に、もうひとつ、小説の魅惑として、とくに日本の小説に欠けているいちばん大きなものは、キャラクター、人物です。たとえば、チャールズ・ディケンズ（一八一二～七〇）の『デイヴィッド・コパフィールド』を読み終わって、町に出ていくと、向こうからデイヴィッドが歩いてきたり、ペゴティさんが来たり、ローザ・ダートルに出会ったり、まざまざと手で触れられるような感じに書かれています。トーマス・マンの『ブッデンブローク家の人々』を読んでみても、やはりそうです。『アンナ・カレーニナ』もそうです。アンナとかオブローンスキーとかカレーニンがそっくりそのまま現れます。アンナ・カレーニナは本当に肉体が感じられるようですね。もちろん顔もわかるし、歩き方とか癖までもがわかります。

ここで漱石なんですけれども、漱石の小説のキャラクターは一言で要約ができる。彼はその見本として『坊っちゃん』を書いた。赤シャツとか、はっきり残るでしょう。キャラクターがはっきりするようなあだ名をつけている。ところが、それ以降の日本の小説は、たとえば田山花袋（一八七一〜一九三〇）の『蒲団』にしたって、島崎藤村（一八七二〜一九四三）の『破戒』にしたって、人物は克明に書けていて、いかにして主人公が自由な自分をとらえ、近代的な自我という個性を確立しようか、すばらしい恋愛をしようかということで悩んでいるのが手にとるようにわかるけれども、人間として、どういう性格で、どういうことを好むのか、春が好きなのか、夏が好きなのか、冬の雪に夢中になるのかということはわからない、何もわからない。人間をまる取りにするという喜びがほとんどない。これはちょっと信じられない。どんな小説でもそうですね。よく書けていないということではないですよ。キャラクターについてです。

チャールズ・ディケンズは、キャラクターの面では非常に誇張が多いけれども、ストーリーは波瀾万丈で、ある種の大衆性もあるし、すごく読みやすい。『デイヴィッド・コパフィールド』は岩波文庫で六冊ぐらいありますが、あっという間に読めてしまいます。そこに出てくる人間の書き方をぜひ読み取っていただきたい。

一言で、ケチで、背が高くて、やせていて、骸骨が風に揺れているみたいな男だといえる。それでいいんですよ。ただし、そのイメージは作品のなかで変わっていきますが、基本のかたちは変わっていないということです。

もう一つ、風俗を書く喜びといいますか、さきほど、バルザックのことをちょっと申しましたけれども、そういうさまざまなディテール、ストーリーに関係のないディテールをなぜ小説家は書くのかということです。それは、言葉でできた箱にヴェールをかけるような楽しさで、ストレートなストーリーとか人物ではなくて、箱の飾り、あるいは、そのなかにあれこれ詰まっているいろいろな不要なものの喜びです。

たとえば、この部屋を自分の小説に使うことは十分できます。そういうときは feeling をしっかりつかまえて、その feeling を土台にして、この部屋を戯画化し、誇張する。これをそっくりコピーしたら、全然ダメです。あくまで（F＋f）の feeling のほうがはっきりと出るようにつかむ必要がありますね。

たとえば、ジェイムズ・ジョイスの初期の小説の『ダブリン市民』は、この世の意味を照らし出す非常に爽快な風景、一種の神話が現れているような情景ですね。これがあるので、すばらしく生きる意味があるな、と感じるようなものが中心にある。しかしそれと同時に、着ているもの、労働者とか、女の人たちが被っている帽子とか、あるいは履いている木の靴とか、そういうようなものも細々と書いている。それは町の風景であれ、家のなかの装飾であれ、それを書くことに喜びを感じる発見があったんですね。つまり、それですばらしい作品になる。

それから、シャーウッド・アンダスン（一八七六〜一九四一）という、ヘミングウェイのちょっと先輩で、ガートルード・スタイン（一八七四〜一九四六）なんかと一緒だった不思議な小説家がいるんですが、この人が『ワインズバーグ・オハイオ』という、オハイオ州のワインズバーグという町に住む人々を書いていますが、これは架空の町なんです。白紙のなかに町をつくって、その町で生活する人々の姿を一つひとつ短編に書いている。これが実にすばらしい。ところが、不思議なことに、これ以降、彼は三つか四つの長編を書いていますけれども、文学史に残らない。残っているのは『ワインズバーグ・オハイオ』だけなんです。おそらく、そのとき彼は、無のなかで自分の町をつくることに成功したので、それからあとはいろいろな現実が見えてきてしまって、何かリアリティを出そうとして迫力がなくなってしまったのではないかと思うんです。

そんなわけで、小説の楽しみはストーリーだけでなく、周辺のもの、人物、さまざまなディテールも大事です。さらに、語り手あるいは作者の視点がどこにあるのか、事件の中にあるのか、外にあるのか、事件と同時に動いているのか、終わったあとで見る冷たい人の立場なのかなど、視点の問題もいろいろありますし、それから、文体にも、会話にもおもしろさがあるのです。

（一九九四年二月二日　同）

Ⅲ　小説とは何か

ある出来事をつくる　événement

出来事をどう伝えるか

今回のテーマは「小説の主題と展開」ですが、いままで小説とは何かという問題について、とくに小説の形態についてお話しすることが少なかったので、本題に入る前に、小説そのもののかたち、小説とはいったい何であるかということを、簡単に定義しておきましょう。

大部分の皆さんがご承知のように、小説が文学の主流になりましたのは十九世紀になってからです。それはとくにフランスの話ですが、フランス文学においては、バルザック、スタンダールが近代小説のいちばん典型的なかたちをつくり出して、それ以後、自然主義の作家たち、たとえばフロベール（一八二一～八〇）以降、モーパッサン（一八五〇～九三）とかゾラが、リアリズムの小説だと普通いわれていますけれども、新しいかたちの小説をつくっていきます。

ところが、フランスで散文による小説の形式が書かれたのは十九世紀になってからかといいますと、決してそうではなくて、すでに十七世紀には、牧人（berger）、神話的な羊飼いの姿をした人たちによって、長々とした極めて典雅な恋愛小説が書かれていて、主として社交界の婦人たちの愛好の的になっていました。それよりもっと前、十六世紀には、渡辺一夫（一九〇一～七五）先生のすばらしい訳がある『ガルガンチュワとパンタグリュエル』（岩波文庫）という本を書いた半ば神話的な人物ですが、ラブレー（一四九四頃～一五五三頃）というすごい作家がいました。それよりも前の中世にはいろいろな遍歴譚がありまして、トリスタンとイゾルデを扱った『トリスタンとイズー』とか、もう少し前にいきますと、そろそろ韻文になってしまいますけれども、様々な出来事についての叙事詩が生まれています。

十八世紀にもう一度戻りますと、モーツァルト（一七五六～九一）の世紀、ワット

（一七三六〜一八一九）の世紀ですが、それにふさわしいような非常にギャラントな小説が生まれています。たとえば、マリヴォー（一六八八〜一七六三）の『マリヤンヌの生涯』、ヴォルテール（一六九四〜一七七八）の『ザディーグ』、きわめて風刺的な『カンディド』などがあります。ヴォルテールは非常に鮮明でシンプルで読みやすく、フランス語の模範のような文章で、そこで扱われている物語はいずれも空想的な、あるいは異国情緒あふれる小説ですが、本質的には社会の風刺を含んでいます。同じように十八世紀、これはフランスよりもイギリスのほうが盛んで、皆さんもよくご存じのデフォー（一六六〇頃〜一七三一）の『ロビンソン・クルーソー』、非常に長い、不思議な内面の展開をするスターン（一七一三〜六八）の『紳士トリストラム・シャンディの生涯と意見』、リチャードソン（一六八九〜一七六一）の『パミラ』、フィールディング（一七〇七〜五四）の『トム・ジョウンズ』といった、現代でも小説の古典とされている作品が生まれています。もちろんドイツでもゲーテが『親和力』という恋愛小説を書いていますし、それよりも何よりも『ヴィルヘルム・マイスターの遍歴時代』という長大な小説を書いて、十八世紀の世紀末を飾っています。

ですから、十九世紀になって初めて小説が生まれたということは、いくつかの注釈をつけておかなければなりません。にもかかわらず、近代小説は、バルザック、スタンダール、あるいは、バルザックが自分の小説のお手本としてとり上げたウォルター・スコット（一七七一〜一八三二）に始まるということができます。ウォルター・スコットは現在、日本ではほとんど読まれていませんけれども、ぼくの学生時代までは翻訳がかなり出ていました。冒険とロマンスと神秘感とロマンティックな憧れとを一緒にしたような雰囲気で、『湖上の美人』等の小説がたくさんあります。そのなかにはドラマティックで異国的な要素を含み、湖の遠くにある城など、日常生活とは切り離された情景の描写を含んでいまして、それまでの時間的な経過による小説とは違っています。

時間的な軸によって展開する小説といいますと、バロックの小説などがそうですが、たとえば、どこか地中海の島の王国で、王子様が王女様と結婚することになって、いよいよ結婚式が近づいたときに一群の海賊が現れて王女様をさらっていってしまい、王子様は海賊を追っていく。たとえば、シラクーザならシラクーザの王子がチュニジアに行き、大冒険の果て、王女様を見つけることができなくて、さらにギリシャに行くというふうに、地中海あたりで海賊を追って、次から次へと冒険談が繰り広げられ、最後の章になってやっと、シリアか何かで王女様を見つけて、めでたくシラクーザの王国に連れて帰って、そこで結婚する。

こうした時間軸にそって物語が展開していくわけですが、あるひとつの出来事の発端があると、それが終結するまでの間に、いろいろな冒険談を挿入することによって、驚きなり不安なりをかき立てることができる。しかし、形式的には、王女様の顔かたちとか、どんな王国であったかとか、海賊は偶然現れて王女をさらっていったのかとか、そうではなかったのかというあたりがよくわかりません。縦に描写がつながっていく時間軸に対して、横に拡がる空間軸を導入しますと、そのときに初めて膨らみが小説のなかに起こってきます。

これまで話してきたような小説は、ルサージュ（一六六八〜一七四七）の『ジル・ブラース物語』にしても『ロビンソン・クルーソー』にしても『トム・ジョウンズ』『パミラ』にしてもそうですけれども、時間軸を中心として流れていく時間の流れ、出来事が次から次へと移っていくということにおいては、多少の空間軸を入れて膨らませている部分もありますが、だいたいにおいて、こうした形式は変わっていません。

ですから、バルザック、スタンダールにおいて、小説が近代的になるということは、時間軸の連続性を超えて、空間的な性格がそこに獲得され、膨らみを持ち始めたということです。時間の進行は一度止まって、王国の風景なり、人物の外面描写なりが始まるということですけれども、そういった別の情報がそこに組み込まれてくるわけです。

さらに、小説について大事なことが二つあります。ひとつは事実的関心、もうひとつは感情的関心で、この二つに大きく分けて、語るという事柄を考えてみましょう。小説、あるいは物語という小説の前身、あるいは根底にある語り物は、言葉によって、語りによって、ある出来事、ある対象を伝達するかたちというふうに言ってよろしいと思います。この間、橋が落ちるという事件がありましたけれども、ちょうどぼくたちがそこに居合わせたように感じられたり、見聞をとらえることができるようなかたちで、言葉によって伝達することが物語の形式だという定義があります。ぼくも、定義としては、その場に居合わせたと同じような反応を起こさせるかたちでの伝達が、物語のもともとのかたちだと思っております。

しかしながら、ある出来事（événement）を伝達するのに、その人がその出来事についてどういう関心を持っているか。たとえば、橋が落ちたということについて、いつ、どこで、どんな具合で、どんなふうにして橋が落ちたか、その原因は何か、どういう企業がそれを請け負ったのか、といった諸々の出来事の事実的な関心があります。これは結局、五つのWとひとつのHです。つまり、when、where、who、whom、what、how で、いつ、どこで、だれが、だれに、何を、いかようにしてなしたか、という事実に還元されていってしまいます。事実的な événement を伝える場合には、情報が経済化されていきます。普通、「情報経済化の法則」と呼ばれるのでしょうけれども、情報はダラダラ長くはなく、いちばん本質的な大事な部分を伝える。ですから、événement を報告する場合の関心の向き方、意識の向き方は事実的なものであり、対象を事実としてつかんでいく。そういうレベルでつかむ場合には、ますます物語というかたちには拡がっていきません。むしろ、新聞の記事のように非常に凝縮されたものとして伝えられていきます。事実、情報として事実的な関心を持っている人は、それだけで十分なわけです。その日、天気がいいとか、風が強かったとか、橋の上を爽やかな色彩の女性がたくさん歩いていたということが、その人たちにとって事実として意味があるならばともかく、そうじゃない場合には、ほとんど関心外にあるわけです。

ぼくたちにとって大事なのは、évènement を感情的な関心でつかむことです。いま小説の話をしているから、そう言うわけです。新聞記者になりたいとか、事実を的確に伝えるノンフィクションの作家になりたいという方がいらっしゃるとすれば、それは事実的関心の部分です。感情的関心の部分はかなり文学的な側面に傾きます。ぼくが「小説の主題と展開」というテーマのなかで、いちばん基本の意識の底面として考えているのは、感情的な関心になります。ときどき事実的関心について触れはしますけれども、感情的関心を基本において考えていきます。

そうしますと、伝達経済の法則ではなくて、むしろ、感情的な関心としてその出来事を拡大していく。たとえば、まず驚きがあり、あるいは、出来事について恐怖を感じるとか、感動したりする。駅で年取った人が倒れていると、青年が寄ってきて、親切に助け上げ、大丈夫ですか等々と聞いたりしている。大部分の人はそんなことは無視して行ってしまうけれども、その青年をすごくすてきだと思う。そういう関心は、その出来事についての情緒的な付加物を感じているわけです。もちろん事実的な関心もそこに含まれてはいますけれども、感情的な関心、漱石の（F＋f）になるわけです。

フランスには中世に吟遊詩人（troubadour）がいまして、各地で行なわれたキリスト教的な殉教の物語や、叙事詩を巡礼者たちの集まっている寺院とか宿場で、リラの音とともに歌って聞かせる。日本でいえば平家琵琶のようなものです。それはただ事実を伝えるだけではない。たとえば、フランスの兵隊たちがピレネーの山脈を越えてスペイン領内に攻め込んでいく。それは、スペインのキリスト教徒たちが、サラセンの圧力で困難な目に遭っているのを救うという、キリスト教的な意図で戦争をするわけですけれども、その帰りにロンスヴォーという渓谷で、シャルルマーニュの率いるフランスの軍隊が包囲戦に遭って敗れるというような物語を伝える。そのときは、その悲壮な聖なる戦いに参加した勇気を讃えるとともに、その人たちが死んだことを悲劇的に語り、悲しみの感情を伝えます。

わかりやすく言うと、事実的関心を伝えるのは、たとえば伝令の報告のようなスタイルだとすると、感情的関心は、吟遊詩人的なものになる。吟遊詩人は事実を報告するわけですけれども、そこにリラの音とか、さまざまな驚きを示す出来事を入れて報告をする。伝令的な報告は事実的な関心を伝え、吟遊詩人的な報告は、それにまつわる驚きとか哀れみとか悲壮感といった感情的な関心を味わっていきたいというような伝達の方法ということになります。

あらゆることについて感情的な関心、つまり吟遊詩人的な報告をしようとする場合には、われわれは常に物語によって、それも本当の語りによって、そうした出来事を伝える。それ以外のかたちでは伝えることはできない。たとえば、レポート式の文章では伝えることのできない様式を、次第に確立していくわけです。

フランスの十七世紀の劇作家であり詩人である、ラシーヌ（一六三九〜九九）の作品に『フェードル』がありますが、この劇では舞台のうえで表すことができないことは、結局、従者や兵士が登場して、ただいま大事件が起こりました、と舞台の主人公に報告をするという方法をとっています。たとえば、フェードルが恋をしているイポリットという美しい若者が最後に海に行き、海から出てきたトリトンの牙にかかり、波にさらわれてしまうという場面は、舞台のうえに波が現れ、トリトンが出てきて、若者がワーッと言いながら海に引かれていくというふうにはならないで、それを目撃した兵士の報告として説明されます。それが説明的な伝達です。それに対して、舞台のうえで人物が相手に語りかけたり、剣を振るって斬り込んでいくというふうに、実際に目に見える情景として示される情景描写的な伝達があります。

小説の方法として、ごく普通に読んでいて、説明的な描写と、実際に主人公がしゃべって行動をする描写と、情感の伝達のなかで、こうした二つの型があります。これははっきりと分かれているのではなくて、かなり説明的であったり、情景描写的だが、説明が加わっていたりして、きっぱりと分けることができない場合もありますが、主としてこういうかたちになっています。

小説、物語において、語り手がいつも同じようなかたちで存在するかどうかは非常に疑問です。「私は……」と言って、物語を語り始めるときもあるし、三人称の主人公がいきなり出てくる場合もあります。三人称の小説の場合でも、そこに見えない語り手がいるというふうに考えるとすれば、あらゆる物語、あらゆる小説は語り手を存在させ、語り手を介して、ある出来事に言葉によって参加していくというふうに考えることもできますから、いまはこの考え方をとりましょう。

そうしますと、語り手の心のなかのこと、あるいは、語り手がその情景について感じている事柄を説明する場合は、説明的な描写になりますし、語り手が感じている驚きとか不安とか悲しみも、やはり説明的なもののなかに入れることができます。古代の詩学では、ホメロス（前八〇〇頃）の詩のように客観的に出来事を叙述していく叙事詩と、ピンダロス（前五二〇頃〜前四四二頃）とかサッフォー（前六一〇頃〜前五八〇頃）の詩のような叙情詩と、ソフォクレス（前四九六頃〜前四〇六頃）などの劇詩といった三つの詩の形がありますけれど、だいたいにおいて、この三つの客観的な叙述と、心のなかに起こる反応を表現していく二つのことが感情的関心だと考えてよろしい。

ですから、古代的な詩学が分けているこうしたものが、新しい小説のかたちとして、感情的関心のジャンルに入る情緒伝達の場合に、説明的それから情景描写的というかたちをとっていくと考えていただいていいかと思います。

出来事とは何か

いままでは、出来事をどういうふうに伝えていくかという、いろいろなモードについて考えてみましたが、今度は出来事について考えてみましょう。出来事とはいったい何だろうか。いままでなかった、あることが起こることで、単純に、ぼくがここで転んだとすると、立っている者が転ぶという、あることが起こったわけですから、そこにひとつの出来事があったと言っていいわけです。何もないところに、あることが起こること、変化が起こること、前の状態と違う状態になることを、広い意味で événement といっています。

小説あるいは物語は、そういう出来事を媒介として、ある感情的な意味を伝えていきます。では、そういう意味の出来事はどういう性格を持っているかということになりますが、これも二つに分けましょう。いつも二分法で、そんなに単純化していいのかどうかわかりませんけれども、こういう場合には単純にしてつかんでおくと、いろいろ応用がききますので、ここでも単純化します。

まずひとつには、共同体があります。もうひとつは、共同体の解体です。いま話をしている事柄のなかには、かなり小説史的な意味合いがあり、スタンダール、バルザックの小説から近代小説の始まりとしていますので、そのころの共同体と共同体の解体という二つの社会状態をまず考えてみてください。共同体的なものが次第に解体して、その結果、共同体に個々人が出現してきます。

歴史上の事実として、皆さんもよく知っておられるのはフランス革命ですね。それまでの封建的な社会、アンシャン・レジーム（旧制度）では、ルイ王家を頂点とした貴族階級があって、大ブルジョア階級があって、ブルジョアがあって、下に農民がいるという、渾然としたひとつのかたちが、ある調和した目に見えない全体をつくっていた。ところが、十八世紀になって、様々な矛盾が生じて、とくにいちばん下層にいる農民、商人の貧乏な人たちが、あらゆる社会的な不公平によって生活を圧迫され、そんなことから共同体を崩壊させてしまおう、解体してしまおうとする。それがフランス革命ですが、一人ひとりの人間が、社会という人工的な集まりを契約によってつくっていこうとする。

ですから、ここでは個々人が集まったひとつの人工的な社会が共同体解体以後の社会です。それは小さくいえば、皆さんの子供のとき、一家というのは、両親と、田舎だったら、おじいさん、おばあさんがいて、われわれのときは大家族制度がまだ残っていましたので、そういう家はしばしば見られましたけれども、その場合、個々人はもちろん一人ひとりいますが、その心、意識の状態はひとつになって固まっている。ところが、それがだんだん核家族になって、家族は煩わしい、家族は不合理であるという考え方が出てきて、実際に家が狭くなったり、いろいろなことで、共同体的な全体を保ち続けることができず、そのために解体していく。そして、われわれはついに核家族になって、一人ひとりが孤立してしまう。

一人ひとりが孤立したと言いながら、やはり人間は人間同士でつながっていかなければ生きていけませんから、人間と人間との間にさまざまな約束をつくって、今度は意志の力で、約束事でまとまっていく。だから、核家族になったほうが、より合理的で、よりアンティーム(intime 親密な)な集まりになりうるという考え方も当然できてきます。

社会においてもそうで、共同体が不合理だったので、フランス革命で共同体を壊して、新しい契約社会をつくった。つまり、デモクラシーの社会はそういうものですけれども、今度はそこで個々の人間が生まれてきてしまった。どういうことかといいますと、一人ひとりの人間の内面が生まれたということです。内面の発見というのは、たとえばジャン゠ジャック・ルソー(一七一二〜七八)の『告白』など、先駆的ないろいろな文学作品が生まれましたけれども、それ以前にはなかったことなんです。

皆さんは当然自分の内面をしっかりとした世界としてつかんでおられるわけだし、それはやはり近代人として社会の絆から外されて、個人として独立し、自立してしまったから、その結果なのです。

こういう社会的な土台、存在の土台、背景を理解した上で、いま言った出来事を考えてみますと、共同体の全体性が生きている場合には、何が出来事で、何が人々の関心を引くかというと、共同体に属している事柄、たとえば共同体の王とか権力者、その社会に鳴り響いた聖者、何らかの徳を持っている人、力を持っている人、有名な職人、有名な役者、ものすごく美しい女の人であってもいいわけですが、共同体全体の人たちに関係のある人が当然ながら主人公になり、そこで起こる出来事も、共同体全体の喜びであり悲しみであるというようなことです。たとえば、戦争によって共同体が敗れてしまったとか、逆に大きな勝利を獲得するといったようなことが、物語を語る非常に重要なモチーフになってきます。

古代の叙事詩の場合、ホメロスの『オデュッセイア』にしてもそうですけれども、すべてそうした共同体の出来事、共同体の主要な人物が登場してきます。ですから、古代においては、こうした共同体が生きている間は、個々人が出てくることは非常に少なく、出てくる場合には、リアリスティックではあるけれども、同時に滑稽な人物として喜劇の対象になっていくということが、普通一般に見られる特色です。

それに対して、いよいよ近代になり、共同体は解体して、近代的な個人、自我が生まれる。これもまた二つに分けて考えてみましょう。ひとつは失われた共同体への追憶、もうひとつは新しく生まれた個人あるいは自我の内面の追究、探究ということになりましょうか。失われたものを追憶する場合、かつてあった共同体は非常にすばらしいもの、現代ではもう手に入らないものというムードによってつかまえられていきます。十九世紀でいえば、シャトーブリアン（一七六八〜一八四八）のような人たちがそうですね。もうひとつの、個人の内面の探究は、新しい小説、物語の出来事になります。いままで、出来事はすべて外面的なものだけでしたけれども、十九世紀になって初めて個人が発見され、個人の内面が意識されるようになると、こうした作品が生まれてきます。

皆さんがよくご存じなのは、バンジャマン・コンスタン・ドールベック（一七六七〜一八三〇）の『アドルフ』でしょう。ゲッティンゲンに留学しているフランス人の家族の息子が、ゲッティンゲンの上流階級の、ある伯爵に養われているエレオノールという若い女性に恋をする。初めのうちは虚栄心から、社交界の身分の高い、少し粋な女性に愛されていることは、社交界で大人と見なされ、なかなかすてきな青年だと思われるからという理由で、その女性に近づく。ところが、女性のほうはだんだん本気になってしまう。その女性は経済的に自立していないのに、伯爵と別れて青年と一緒になるわけですが、青年はそれでは困るわけで、ついにその女性を捨ててしまう。女性は苦悩のあまり病気になり、最後に死んでしまう。そういう出来事を、アドルフという青年の心の非常に微細な動きとして報告する。あたかもお医者さんが、自分のところに来た患者の精神分析の報告を書くかのように細かく書いている。こういうものが、いよいよ出来事として新しく登場してきたわけですね。外的な出来事と内的な出来事とに分けますと、内的な出来事について語るのは十九世紀になってからで、近代小説が始まって、ひとつの大きな局面になってくるわけです。

そうしますと、感情的な伝達、感情的な報告、吟遊詩人的な報告によってくくられる出来事は、外的な出来事であったのですけれども、近代社会になって、共同体社会が崩壊するにつれて、その共同体社会を追憶したり、そのときに生まれた個々人の内面世界を主体とした出来事が生まれてきます。

外面的な出来事も内面的な出来事も、事実的な事柄の系列では、時間的に順々に追っていけます。内的な出来事は外的な出来事のように、時間的に系列づけて追うことはできませんけれども、それでも次々に意識のなかに浮かんでいくものを書き留めていくことはできます。ですから、空間軸に膨らませるとしても、基本的にはそういう出来事を時間軸にそってとらえることができるというふうに考えますと、出来事には常に外的な現れにつきまとう感情的な要素があるということになります。事実的な関心の場合には、現象そのものに注目して、感情のほうには意識を向けていかない。ところが、いまわれわれが問題にしている感情的な表現あるいは感情的な問題への関心ということになりますと、むしろ外的な現象はだんだん薄れてきて、こちらのほうがだんだん濃くなってくるというように、ここでひとつの大きな転換が生まれます。

フィクションの意識

出来事には事実的な側面と感情的な側面があるけれども、われわれがそれにアプローチするのは、出来事の持っている感情的な側面で、それは非常な驚きを呼び起こすものであるとすると、とても驚いた、すごかった、といくら言っても、相手には伝わりません。その驚きの感情にふさわしい出来事を、むしろある場合には誇張して伝えていく。

たとえば、「フィアレス」というアメリカの映画で、乗っていた飛行機が墜落事故にあい、多くの人が死んでいくなかで、奇跡的に助かってしまった男の話があります。その男は、自分はもう死なないんじゃないかと思って、ものすごく高いビルの屋上の端に立っても、絶対に落ちないという式の、実に危険なことをし始めるようになる。また、生き残った乗客で、墜落の瞬間、抱いていた幼い子供を手放してしまい、死なせてしまう女の人がいる。彼女は、自分がしっかり抱いていなかったから子供は死んだのだと、ひどく苦しむ。そこで、それは不可抗力だったことを証明するために、その男は女の人を自動車に乗せて、厚いレンガの壁に向かって自動車を疾走させる。女の人には子供に見立てた工具箱を抱かせ、壁にぶつかって、彼女がどんなにしっかり抱いていても、不可抗力で離してしまうということを証明するわけです。彼は正面衝突して血だらけになりますが、いっこうに恐れない。そうして不死の感覚を、だんだん誇張した表現で伝えるという映画があります。

文学の場合もそうで、ある感情が現象にくっついている場合、その現象を伝えるわけですから、その驚きを呼び起こす部分も、話がだんだん誇張されてくる。それも感情の伝達の非常に大きな特色になります。ある感情を誇張したり修飾したりする意識が現象の周りにつき始め、このときにフィクションという意識が生まれてくる。そうすると、この現象は実際にあったことではなくて、たとえば、アフリカの密林を歩いていると、大きな音がして枯れた枝が落っこちてきて、すごくびっくりする。すると、その木の枝から、チンパンジーが現れたり、豹が飛び出してきたりというふうにして、だんだんフィクション化されていく。感情を伝達するために事実のほうが変形し、修飾され、誇張されていく。そういう関係になるときにフィクションが生まれてきます。

このフィクションが生まれてくるということが、近代小説が生まれてくることとも結びついてくるわけです。個人ができ、社会が分解して、かつてあった社会に対してのノスタルジーとともに、自分たちの周りにある社会の存在に対する好奇心が生まれてくる。社会が解体してしまうわけですから、この社会は断片の集合でしかなくなる。そうすると、自分の属している断片と、あなた方一人ひとりが属している断片とは共通するところがない。かつて、みんなが同じ村の共同体のなかに住んでいたときは、ぼくが住んでいる家も、ぼくが耕している畑も、あなた方の家も畑もそう変わらない。だから、あなた方の家に行っても、何も新しい発見はない。ところが、共同体社会が解体してしまって、一人ひとりの属している社会は断片で、孤立して自立してしまうと、ぼくの属している社会と、あなた方一人ひとりが属している社会環境は全然別のものになる。近代の初頭においてすでにそうだったのですから、まして現代ではそれは当たり前で、まったくわからない。一人ひとりが謎的存在としてここに集まっているわけですから、不気味ですね。だから、とても好奇心が湧きます。

　ぼくはすごく好奇心をもって、あなた方の年齢とか職業とかお名前をじっとながめて、どういう人かなと思ったりする。ここでは時間がないので、いちいちそれを確かめる楽しみはないけれども、電車に乗っていて、前に座っている人を一人ひとり、職業とか年齢とか、だいたいの社会環境を順々に言っていくのが、ぼくの趣味なんです（笑）。ここにいらっしゃる方はだいたい同じようなミリュー（milieu）ですね。多分だいたい同じように大学を出ているし、知的な好奇心があるし、まったく共通していないというのは、ぼくらのミリューではわりあい少ないんですけれども、この社会ですから、まったくわからない、非常に不思議な人たちがいっぱいいますね。そういう人たちに絶えず好奇心を持つ。

　その場合、皆さんが小説家だとしたら、いちばん役に立つのは、一人ひとりが何を欲求しているかを考えることです。この人は何を欲望しているのか。肉体的な欲望なのか、おなかが空いているのか、そういうことを考えるのも大事ですが、その人の人生における欲望は何かを考えて、その人の置かれている状況から、いろいろ想像してみることです。

ですから、小説である人物の環境を書くということは、たとえば、バルザックの時代にあっては、非常に大きな情報の提供になったわけです。とくに女の人は社会に出られませんでしたから、客間の奥で、だれもいない午後、ひっそりとバルザックを読みふけるということは、単に小説のなかの恋愛に胸をときめかせるだけではなくて、そういう知的な好奇心も満たされていたということになります。

しかしながら、ここでは単なる知的好奇心、つまり外的な現象ではなくて、それにまつわる情緒ということで、バルザックの『ゴリオ爺さん』の冒頭にメゾン・ヴォケールという下宿屋さんが出てきて、そこにはいろいろな人たちが住んでいて、その細々した情景があり、娘のために財産のすべてを売り尽くしてしまって、ヨレヨレになったお爺さんのゴリオが登場します。ゴリオには結婚している二人の娘がいて、きれいなだけで頭は空っぽなろくでなしの女どもで、お父さんのお金がありさえすれば、もう少し贅沢ができる、もう少しいい男をつかむことができると躍起になっている。

お父さんは、ただひたすら娘にお金を貢いで、売るものもなくなってしまい、それにもかかわらず、どこかに売るものがないかと思っている、父親の愛の権化のような人なんです。そういう場合、そういう出来事がすべて感情を呼び起こす。なんてかわいそうなお父さんだろう、なんてひどい娘だろうと、読んでいる人たちの感情を呼び起こすために、事柄が修飾され、誇張されていきます。

ですから、かつて、出来事は外面的な事柄で、何かが起こったということだったわけですけれども、今度はそうではなくて、起こったことに、なぜかという原因が書かれ、因果律としての構造がだんだん見えてきて、それが語られていく。それがまた小説における、感情を呼び起こすモチーフ、仕掛けになっていきます。

そこで忘れないうちに読んでおきたいのですけれども、ここに四つの物語がありまず。ここで注意していただきたいのは、もちろんこれらは架空の出来事ですが、誇張と修飾によって感情表現に結びついていくことです。どういう感情を呼び起こすかということに注意しながら、次の物語を読んでみましょう。

美しい十七歳の娘が、ともだちの結婚式に列席するために家を出た。二人の男が、娘を誘拐してガレージに閉じ込めた。たそがれどき、からだじゅうかさぶただらけの老人が、娘の白いドレスを引き裂いたあと、強姦した。それから、娘は解放された。三ヵ月のち、梅毒と結核の治療に医者に通う途中、娘はまた誘拐された。今度は、老人は娘をむち打ち、その傷ぐちに唐がらしをすりこんだ。それから老人は、娘の左の腿からひとかたまりの肉をかじりとった。ほかの男たちは娘を強姦しつづけ、娘が蒼ざめた怪物を生むまで監禁した。

（ルーチオ・ポッツィ「五つのものがたり」ライオとジョウ・ワタナベ訳）

ここは非常に不幸な暗い陰惨なイメージを呼び起こすために、強姦とか鞭打ちとか梅毒とか結核とか肉をかじり取るとか、ぼくたちの感情を逆なでし、嫌悪感を、不幸な暗い気持ちを呼び起こすような事柄が並べられていますね。次の物語はどうでしょうか。

女は七年ものあいだ、夫が戦争から戻ってくるのを待った。ある日、夫は帰ってきて、再び楽しい日々がはじまった。彼はあいかわらずハンサムだった。思いやりがあり、妻にとって望みどおりの夫だった。二人はともに年をとり、隣人たちと平和で静かな生活をおくった。彼らはみんなから愛され、尊敬された。九十六歳になったある水曜日の夜、二人は眠りのうちに死んだ。

（ルーチオ・ポッツィ「五つのものがたり」）

今度はまったく静かな人生のハピネスを書いています。両方のケースを比べてみると、非常によくわかると思います。暗い恐ろしいトゲトゲした事柄を並べれば、われわれはすごく暗い恐ろしいトゲトゲした気持ちになっていくし、柔らかな緑のなかを柔らかな風の吹いている和やかななかに、和やかな人々がいて、和やかな生活を送って、信じられないような和やかな死に方があるとすれば、ぼくらはともに和やかな気持ちになる。これは両方とも非常に単純化されたものとして書かれています。

金持ちの男がパーティから館に戻ってきて　自分の寝室に見知らぬ男と女がいるのを見つけた。

彼らは機関銃を彼の胸にむけて　どういう具合に死にたいかはお前次第だといっ

た。彼はお金をやって なんとか命だけは助かろうとしたが 彼らは 股ぐらに弾を撃ちこまれるか シャンデリアからぶらさがるか どちらかだと言いはった。
彼は銃弾をえらび そして撃たれた。

（ルーチオ・ポッツィ「五つのものがたり」）

これもまた陰惨な暗い話で、いまのアメリカ映画のサイコサスペンスなんて、これ式のものがふんだんにありますけれども、要するに、こういうことですね。もし皆さんが、会社に行くのは大変だから、小説家になろう、物語作家になろう、と思ったら、こういうイメージをどんどん並べていくと、それだけでサスペンスとかスリルとか恐怖感とか、みんながびっくり仰天してしまうような小説が、いくらでもできるわけですね。ただ、それが容易にいろいろな人にできないのは、いつも小説を書くというと、「私は東京で戦争の直後に生まれた」なんて書き出すものですから、なんのことはない、ちっともおもしろくない。あるいは、記号論の小説のようになる。
そういうものではなくて、恐怖感とか喜びといった、ある情感を呼び起こす映像を並べていくことによって、容易にそういうものが起こってくる。それをまず一種のトレーニングとして常にやってみる。長いものを書く必要はないので、ある情感を呼び起こす恐怖感、嫌悪感、ハピネス、やわらかい温かい感じ、ハートウォーミングな感じというのをそれぞれ決めておいて、はがきみたいなものにちょっと書いてみる。そうすると、そのうちに自分の生活に密着したような事柄でも、非常にハートウォーミングな出来事を並べることができ、そういうものを日常的に発見することができるものとして何か現れてくる。

　モデルが絵描きと恋におちた。
二ヵ月半ものあいだ　たべたりねむったりのひまも惜しんで　彼らは愛しあった。
ある朝　重要人物が絵描きを訪ねて来て　作品をそっくり買い　ある有名な美術館で展覧会をした。
それから　また　この人物は　その所有しているファッション雑誌の表紙に　モデルをつかった。
絵描きとモデルは　スペインに城を買った。彼らは百姓になり　ひまなときは本を読んだり　こまっているひとたちを　たすけた。

（ルーチオ・ポッツィ「五つのものがたり」）

これは恐ろしいイメージとは逆に、すごくハッピーな二人の人間の生活を描いています。これが真実感があるかないかは、ここでは問うていないんですね。真実感があると言えば言えますし、ないと言えば言える。たとえば、スペインの城はひとつのシャレであることはおわかりでしょうけれども、そういうことも含んでいる。

大事なことは、そういうフィクションの意識で、フィクションの映像は感情的なさまざまな揺れ動きを呼び起こすためにつくられているということです。これは非常に単純なかたちですけれども、小説の発生、フィクションの発生が、事実的な伝達のなかからどういうふうにして生じてきたかということを暗示的にお話ししたということになります。

詩と根本観念と言葉

何回も言いましたように、小説は言葉によって世界をつくるわけですから、これまで話したことを要約しますと、吟遊詩人的な意識、吟遊詩人的な遊び、情感の伝達の場所をまずつくっていく。それは非常にシリアスな、五つのWとひとつのHに還元されていくような事実的な関心ではなくて、それが呼び起こしている様々な情緒、ポッツィの小さなコントが持っているような意味での情緒の呼び起こしを大事にする。そういう意識の場をまずつくっていく。そういう姿勢でこの世を、人々を見ていくということです。ここではノンフィクションの意識はないし、科学者の意識もないし、社会学者の意識もない。単純に詩人の意識とでもいったものになっていく。

ここにいらっしゃる方のなかには、むしろノンフィクション的な、事実的な関心を強く持っている方もいらっしゃると思いますが、この場は、一応、小説とは何かということで、こういうものだとお考えになっていただきたいと思います。ぼくは強引に、全部小説を書く人ということでしゃべっていますけれども、もちろんそういうことを望んでいるわけではありません。

たとえば、『戦争と平和』のような作品を読んでいると、喜びでもいいし、悲しみでもいいし、不安でもいいし、恐れであってもいいのですが、ぼくたちがこうやってこの世に存在していることの非常に大きな感情の流れに浸されていることを感じます。

それは、ロシアの巨大な大地とか森とか、冬の凍りついた白い河とか、春先になって青く風に震えている麦畑とか、馬に乗って草原を疾駆する快感とか、大きな屋敷で行われる舞踏会とか、若い男と女たちの恋愛とか、すべてのものがこの地上で行われていること、存在していることは、なにか奇跡のようにすてきなことで、生きているって、本当にすごいんだなという感じが、小説の全体を通して流れています。

トルストイは次第に自分のそういった生活あるいは生活感覚に疑問を持つようになり、最後には家出をして、彼の村、ヤスナヤ・ポリャーナ村のそばのアスターポヴォ駅〔現レニ・トルストイ駅〕で死んでしまいます。それほど彼はペシミスティックに、自分の若いときの生命の謳歌を否定するような生き方をする。『戦争と平和』の次に書いた『アンナ・カレーニナ』における悲劇的な恋愛についてもそうですが、隣村に実際に投身自殺した女性がいて、それをモデルにして書いた小説です。

われわれが現在生きている世界全体の詩、一人ひとりの人間、ひとつひとつの出来事、ひとつひとつの情景が呼び起こす詩、東京でもニューヨークでもパリでも同じですが、大都会の詩はすごいですね。ドストエフスキーとかディケンズとかバルザックもそうですけれども、大都会のポエジーを感じ、その全体が体中に満ちあふれてくると、さっきのような小さな短編でもスケッチでもコントでも、何か書かずにはいられないという、非常に大きな衝動を感じます。ですから、まず第一に、感情的なというのは、そういう詩を体全体に満たすことが大事なモチーフになります。そして、これは主題にはっきりとつながっていく事柄です。第一番は「詩」ですね。

二番目には、ある大きな「根本観念（idée）」、ある考えです。たとえば、ドストエフスキーの小説を読んでいますと、なかに出てくる人たちが、すべての人は神の愛によって結ばれなければならないんだと熱烈に言いますね。あるいは、映画でも、タルコフスキー（一九三二〜八六）の「ノスタルジア」では、最後に自分で火をかけて、ローマの騎馬像の上で焼身自殺をする男がいますが、その男が最後に感動的な演説をします。ぼくたちは間違った方向に文明を進めてきてしまった、いまここで足を止めて、もう一度、人間たちが本当に生きるべき姿に戻ろうではないか、と言って死ぬわけです。

そういう、われわれ一人ひとりがこの世について持っているいちばん基本の、根底の、あなた方自身を動かしている観念、考えを、まずしっかりと持つことです。ここに百人なら百人の方がおられると、百通りの観念があるわけです。あるいは、このなかにヒトラーのような方がいて、世界をもう一度征服しようと思っている人がいるかもしれない。なるべくはそう思ってほしくないわけですが、根本観念というのは、そういうふうにその人をつき動かしている目的意識と結びついたものです。

それを言葉のかたちでなんとか実現する。それを出来事とか人物を通して具体化していく。それを読んだ人は、あなた方が持っている非常に強い根本の考え方を感じる。たとえば、ドストエフスキーのような愛の観念でもいいし、ヘミングウェイのような死と隣り合った生命の観念でもいいし、スタンダールのような不滅の愛という観念でもいいわけですが、そういうものが直ちにぼくたちの心に伝わってくる。これを伝えるのは、いままでずっと話しました出来事あるいは人物、情景であり、時間軸とともにそういうものがわれわれの心のなかに入ってきて、それが本当に生きた考えとして全身を浸してくる。

三番目には「言葉」です。普通の文章読本式のもの、小説の書き方式のものを読みますと、「言葉が世界をつくる」とは言っていないんです。だいたい普通の人は逆に考えて、世界があって、それを言葉で書く、コピーする、伝達する、報告するというふうに考えるけれども、そうではない。ぼくたちにとって、小説を書く場合、フィクションの意識の場合には、そういった世界はすでにない。世界を超えてしまうか、世界を拒否しているかで、何もない無の世界にいる。そして、言葉によって新しい世界を、新しい人物をつくっていくわけです。この感覚がないと、強い作品は生まれません。

大岡昇平（一九〇九～八八）さんの全集が出始め、その第二回配本が『野火』と『武蔵野夫人』で、ぼくはその解説を頼まれ、そのときに三番目の négation du monde（世界の否定）、無にすることについて書きました。ぼくらが住んでいる世界を一応なしにしてしまって、言葉で初めて人間なり山なり河なり大都会なりをつくっていく。これを導いていくのは émotion（感情）、feeling です。ですから、négation du monde が完成して、岩を積み上げてお城をつくっていくように、言葉でひとつひとつのものをつくっていく。言葉の積み上がったものが存在なんだと思えるようになると、実にすばらしい力強い作品が生まれてくるわけです。

小説を書くほどの人は、最初の詩と、根本観念と、言葉の三つをお経のように思ってください。いつも体中が詩に満たされ、何を見ても詩でなければいけない。それこそ芭蕉（一六四四～九四）の「見る処花にあらずといふ事なし」（『笈《おい》の小文《こぶみ》』）です。

すべてのものが花として見えてくる。美しいもの、すばらしいもの、気にいったもの、パンチ力のあるもの、衝撃力のあるものとして見えてくる。

ひとつの目安は、何か自分のシンボリックなものを持つことです。これだけは死んでも渡せないという、いちばん好きなもの、それに触れれば、そのそばにいけば、いつも勇気づけられ、幸せな気持ちになれるようなものに、いつも触れて、そういうものからインスパイアされて、それが吐き出されていくという気持ちですね。

ぼくの場合、いつもそういうものがいっぱいになってしまっていて、たとえば、ぼくは雨の降っている大都会がとくに大好きなんですね。どういうわけですか、前世、乞食でもしていたのかもしれません（笑）。ニューヨークに行ったときも、友達がわざわざ出迎えてくれたんですが、それが願ったりかなったりの土砂降りの日でした。ケネディ空港に着いたら、友達は、ああ、辻、気の毒だなあ、こんなに雨が降っちゃって、と言う。ぼくはうれしくて、ああ、よいときに来た、と思っているんですが、相手は、ニューヨークは晴れればいいところなんだぜ、なんて言う。ぼくは彼のために、ああ、残念だ、本当に晴れていたら、どんなにすばらしいだろう、と言いましたけれども（笑）、本当に雨の降っている大都会はたまらなくいい。それを思うだけでも田舎なんかに住みたくないと思いますね。大都会の孤独とか冷たさ、非情。サイレンが鳴ったり、最近はピストルを持った不気味な人が東京にも現れたりするので困りますが。本当はそういうのはないほうがいいんですがね。

しかし、皆さんのなかには、秋の晴れた空の下で、日を浴びて、白樺の葉がそよいでいるのがいい、という人があってもかまわないわけです。あるいは、ロシアのような大草原を馬に乗って走っていく爽快感が忘れられないということでもいい。スウェーデンの夏の終わりの湖はすごくすてきですが、あんなところで金髪のかわいい友達と一緒にいたら天国だということでもいい。ぼくはそんなことはしたことはありませんよ。（笑）

何か基本の詩、自分が好きでたまらないものがあって、こんなにいいものがあるんだよと、相手に押しつけたい。それは常に言葉で押しつけるわけです。どんなとき、どんな世界、どんな人が現れても、常にそうなってしまうということでもかまわない。それがその人の文体というものです。文体とは、その人の持っている固有の詩の色です。小説を書いても、詩がなければ一流のものにはなりません。次には、この世に対する基本的な考えです。feeling だけではダメで、考えがなければいけない。そして、最後にそれを言葉でつくっていく。言葉もただ記述すればいいのではなく、言葉は岩であって、それをひとつひとつ積み上げるようにして、自分の世界をつくっていく。どうしても言葉でつくらなければいけない。だから、新聞の文章とか、そこらに無数にある小説とか散文は関係ない。これはあなた方一人ひとりのものです。

あとはもっと技術的なことですけれども、語りによって何かを伝えるということは、常に出来事とか人物とか状況がなければいけません。つまり、いくら主観的にいろいろ書いても、それが単なるフィーリングの羅列であったとすれば、それは叙情詩ですね。それから、現代のように、ストーリーも何もない、むしろストーリーを嫌悪している作家たちが多い時代には、それは一種の心境小説風のもので、histoire de sentiment（感情の物語）といっていいものです。

ぼくがここで非常に強く主張したいのは、なんといっても événement をつくることなんです。ドストエフスキーがつくったように、ラスコーリニコフは、ナポレオンはあんなに大勢の人を殺したんだ、おれみたいに優秀な人間が金を奪って、それで勉強して、社会のために尽くすすばらしい人間になるのにたった一人の意味のない老婆をたたき殺して、何が悪いんだ、と老婆を殺す。ところが、殺した瞬間に、まったく自分の論理と別のことが起こってしまい、そこから神の世界ないしは愛の世界が始まる。そういう出来事をつくらないと、あれだけの強烈なアピールはぼくらのほうには訪れません。ですから、どうしてもそういう出来事をつくらなければいけない。

その出来事はどうして生まれるのかといいますと、「欲求、欲望」を常につかむことです。電車に乗って、この人はどういうことを思っているかを考えなさいと言いましたのは、そのことです。たとえば、ある男は普段は家にこもって、朝早く起きて会社に出て、戻ってきて、静かに寝て、ときどきはピアノを弾いて、ときどきはシェイクスピアを読んだりする、というような生活をしていて、ある日突然、夕暮れに街ですごく美しい人とすれ違ってしまった。彼は、なんて美しい人なんだ、あんな人とも し一生を過ごすことができたら、こんな幸せなことって、この世にあるだろうか、と思い始め、そこから彼のいままでの平衡していた生活は崩れ始めるわけです。

たとえば、ローデンバック（一八五五〜九八）の『死都ブリュージュ』という作品があります。ブリュージュは北のヴェニスといわれているように、運河に囲まれた静かな町ですけれども、そこで、いま言ったような非常に端正な生活をしている男が、ある不思議な女に出会ってしまう。彼は破滅はしませんでしたけれども、たとえば、トーマス・マンの『クライネ・ヘル・フリーデマン（小フリーデマン氏）』のフリーデマンは破滅します。彼は小男に生まれ、普段は非常に禁欲的で、きれいな女の人に恋をすまいと思い、美しい女の人が来ても目をそむけ、静かな生活を愛している。しかし、突然、フォン・リンリンゲン夫人という、美しくて高慢で、弱い者いじめをするのが大好きという、女性が現れます。そして、彼は、よせばいいのに、一生に一度だけだと思って、その女性に「Ich liebe dich」と言うわけです。すると、彼女はけたたましい声で笑い、暗闇の繁みの奥に隠れてしまう。その直後、フリーデマン氏は絶望のあまり池に顔を投げかけて死んでしまうわけです。

これも、非常に沈痛な物語ですけれども、événement ですね。ひとたび、ある状況のなかで欲望が生まれると、その欲望を抑え込む反対の力が必ず出てきて、そこに葛藤が生まれ、その葛藤こそが出来事なんですね。そして、それは何らかのかたちで結末にたどり着く。それはいまのような悲劇的な結末になるか、あるいは、ポッツィの短編ではないけれども、ハッピーな終わり方をする場合もある。

ですから、どこかに出来事が転がっていないかなと新聞を一生懸命見るよりも、欲望の種類を順々に挙げていってみるといい。野心、地位、お金、復讐で殺したいという欲望もあるでしょう。物騒な世の中だから、いろいろなことがありますが、ある状況のなかで、そういう欲望をひとつポンと置きますと、そのとたんにその表面にいろいろな模様が広がります。つまり、欲望が起きると、常に反対物がある。何か買いたいと思うと、お金がない。愛したいと思うと、相手の男の人に妻君がいたりする。あるいは弱気な男で、一言も応えてくれない。そういうふうに、ある欲望があるときは、すべて反対物があって、この葛藤が常にある。電車のなかで一人ひとりの欲望を見抜いていきなさいということは、ひとつひとつの短編小説ができますよということなんです。

「詩」と「根本的な観念」と「言葉」という武器というのも変ですが、そういうものを持って、そこにひとつひとつの événement をつくる。欲望とその反対物をつくる。たとえば、一日にひとつずつ短編小説を書かないと死刑にするぞと言われたら、ぼくはどんどん書きますね。いまみたいな方式でやれば、いくらでも書けるでしょう。いまはそんなことはしません。病気でもありますし、そんなふうにしたら根本観念がひからびてしまいますので、大事にしていますけれども、あなた方はまだ若いし、どんどん書いてください。はがきにどんどん恐ろしいのを書いて、ぼくに送ってくださってもいいですよ。

ピアニストがピアノを弾くように

そんなわけで、モチーフというのは、当然ながら自分のいちばんの根底、生きていることとかから生まれてくるわけですが、それを吐き出していく媒体になるものは、自分とかけ離れたひとつのゲームとしてとらえることができます。ある時期には、むしろゲームとして、欲望とその反対物の葛藤が、どのような経過をたどって結末にいくかということを、いろいろなかたちでやってみるのが大事なことになりはしないかと思うんです。

それでは、これで終わりにしますけれども、いま言いましたように、絶えず書くということ以外にありません。ぼくは、「ピアニストがピアノを弾くように」といつも言うんですけれども、戦争中に梶原完(一九二四～八九)というピアニストが家のそばにいまして、戦時中で、食べるものがほとんどないにもかかわらず、いつも夕食にお母さんにビフテキをつくってもらって、空襲でも何でも絶えず弾いているんです。

戦後しばらく活躍していましたけれども、病気だったと思いますが、それ以後あまりいい仕事ができなくなって残念だと思います。あらゆるピアニストがそうで、最低五時間ぐらいは弾いています。ですから、ぼくらも絶えず書く。書くためには言うことがなければいけません。ぼくたちは日常、朝起きてから寝るまでいろいろなことがありますから、書くことがない日は、そういう自分の生活のディテールを出来事としてとらえて書く。それはだれに見せるわけでもありませんから、告白でもいいし、怒りでもいいし、喜びの言葉でもいいから、ともかく書いてみる。叙情的に書く場合、出来事としてとらえる場合とか、いろいろなかたちがありますが、とにかく書かなければいけない。書くこと以外何もないというぐらいに書いてください。

いちばん大事なことは、やはり胸のなかに書くことがいっぱいあるということです。書きたくてしようがなくて、あるいは、言わなきゃならないことがいっぱいあって、それを書く。たくさん書く。文章を書くというのは、ワープロを打っても同じですけれども、自分の体のなかからリズムになって、文章のかたちで出てくるというふうにしないといけない。そのためには絶えず書く。そして、書いたことに絶望したり、おれは駄目だと、そんななまやさしい、甘っちょろい考えは絶対起こしてはいけない。

たった一回きりの人生をひたすら生きている。これは書く喜びで生きているのだから、だれにも文句は言わせない。だれかにこてんぱんにやられたって、全然平気。書く喜びがあれば耐えられる。人の言うことを聞いて、これは出したほうがいい、これは出さないほうがいいというのはなし（笑）。それはまったくなし。あなた方はあなた方でしか裁けない。批評家がごまんといても、関係ない。いいですか。批評家がほめたからって、喜んでもいけないし、けなされたからって、沈んでもいけない。そんなことはまったく必要ない。しかし、ここでぼくが言ったようなことを聞くと日本の批評家は怒りますからね、内緒にしてください。（笑）

（一九九四年一〇月二八日　同）

フィクションの必然性

「語り」と小説の間

私の父がジャーナリストであるかたわら薩摩琵琶の弾奏家であることは、年譜にも出ておりますし、他にも二、三書いたことがありますので、ご存じの方もおられると思いますが、私自身が現在フランス文学を教えておりますし、小説もどちらかといいますと、フランスあるいはヨーロッパ的な主題を取り入れることが多いので、薩摩琵琶と私の作品世界とは、直接には結びついていない。もし育った環境と小説家とが関係があるなら、それはどういう点なのだろうか――こういうことをいろんな方に訊かれますし、私も解答になるようなことを書いたこともありますけれども、機会があれば、もう少し本質的な関係をお話し申し上げたいと思っていた。私の文学に関心を持ってくださる方には、文学の在り方について考えていただく機会になると思いましたし、琵琶に関心を持たれる方には、琵琶の将来はどういう方向で生き得るか、生きてゆくべきか、そういう問題に対する多少のサジェスチョンになるんではないか。そういう気持から、きょうの講演を引き受けさせていただきました。

私には、いま申し上げましたように『背教者ユリアヌス』とか『春の戴冠』とか、西欧を主題とした作品がありますけれども、純粋に日本を主題にした作品も書いております。たとえば、『嵯峨野明月記』という作品では、本阿弥光悦（一五五八〜一六三七）、俵屋宗達（生没年不詳）、角倉素庵（一五七一〜一六三二）の三人が、嵯峨本を製作するプロセスを取扱っています。三人の芸術観、友情、嵯峨本が成立していく間でのさまざまな時代とのかかわり合いを、三人がそれぞれ独白で語っていく。作品には「一の声」、「二の声」、「三の声」というふうに書いてあります。言ってみれば三つの一人称が、それぞれ自分の世界を語るということになっております。この作品を書きますまで、私にはずっと西欧的な題材の作品が多かったので、突然といっていいかと思いますけれども、こういった非常に日本的な渋い主題を取り上げたとき、当時まだ元気でおられた吉田健一氏（一九一二〜七七）が「君はずいぶん変ったことができるんだね」と、ちょっと驚いたような顔をしていいわれた。しかしそれは私にとっては、それほど思いもよらない題材ではなかった。私は子供のころからむしろ伝統文化の雰囲気の中に育っておりましたから、私の中では自然にそういう時代、題材がいっぱいになっていて、ごく当然の結果として、それが流れ出ていったというふうに感じております。実際は、題材的にも『嵯峨野明月記』は、いわゆる琵琶的な世界とは異なっていますけれども、にもかかわらず、そこにある内部的な結びつきがあります。そういう点を一、二拾いあげてみたい。

私の父は、非常に熱心な琵琶弾奏家でありまして、ただ琵琶を弾くだけではなくて、日本の芸道に特有の心身を鍛える修行に身を入れました。滝にうたれたり、寺にこもって坐禅をしたり、冬の早暁に水をかぶったり、さまざまな荒行をしまして、しだいに琵琶楽の絶対境とでもいうものに迫っていく。そういう修行を日夜そばで見ておりますと、西洋的な方法意識とはあまりに隔絶していることにおどろく。西洋でももちろん名人芸に達するまでには、それぞれの苦労はありますけれども、日本のように、その技術が働きかける領域の外にまで芸術意識を広げて、芸道生活というようなものに統一していくことは、あまりないのではないかと思います。ですから、日本の芸道の場合には、方法意識によって客観化された基準に即し、それを学んでいくということは、非常に少ない。むしろ、以心伝心的に伝えられたあるものを受け継いでいくことが、非常に重要になってまいります。

私は子供のときから、日本の芸道の厳しさを、父の日常を通じて、心の中に刻まれたといってよろしいかと存じます。こういう父ですから、きっと息子に厳しく芸道を伝えたに違いないと、大方の方は思われると存じますけれども、その点は非常に寛大であった。私がやりたいことを、全く何の拘束もなく自由にやらせてもらえた。ですから私は、ほんの一、二年手ほどきを受けた程度で琵琶を習うことから離れて自分の好きなものをやることができた。その間に何のトラブルもなかったことは、非常に幸せであったと思います。

そんなわけで私はヨーロッパ、とくにフランス文学を勉強し、それからまた小説の仕事を通して、さまざまな人間の心の動きを見てまいりまして、最近、いろいろの機会に、父の修行の意味や琵琶楽というもの、広く日本の芸道のあり方などに、また自分の気持が近づいていることを自覚するようになりました。

小学校二、三年のころ、芝の青松寺で、夏のあいだ、早朝、坐禅の会をやっていて、それに父に連れられていきました。中学に入っていればもう少し理解がいったかもしれませんが、まだ子供ですから、朝早く、眠いのに起こされて出かけ、ただ黙って坐るという意味がわからない。警策で背中をぱんぱんとたたかれる。坐禅が終って、おかゆと梅干、みそ汁ぐらいの朝食となる。こういうことすべてがどうにも私には理解がいかない。説明を求めても、だれも説明してくれない。ただ黙って坐りなさいというだけです。それで私は、こういうふうに無言で行を積むよりも、もっとわかりやすい、もっと説明のいくことがあるのではないか、こんなに黙って無念無想になるより、もっと知識のつまった本を読んだほうがいいのではないか、と思うようになった。私の中には、時間をかけ行を積むということに対する抵抗感が生れた。ヨーロッパの中でもフランス文学、あるいはフランス的思考に惹かれたのは、フランス精神が特に明晰さを愛する、あいまいなことを残さず、徹底的に説明をする、そういう態度を持っているからだと思います。

ですから、表面的に見ますと、この行を重ねることが、ある意味で私を反対の方向に連れていったことになりますけれども、最近になって、子供のときの一種神韻縹渺とした、夜明けの静かな清らかな雰囲気がよみがえってくるのを感じる。当時はそういうものは全然わかりませんでしたけれども、いまは、何とかわかる。言ってみれば、子供には読めないむずかしい本をもらって、本箱のすみに置いておく、ある日、大人になって、それをとり出して読んでみる、そしてかつてそこから読み取ることのできなかったことを発見してゆく、そういうことが起っているといっていいかと思います。

琵琶の場合も、琵琶歌を子守歌のかわりに聞いておりましたから、意識の底に、『平家物語』なり『太平記』なりが沈んでいる。この種の文学は客観的な描出もありますけれども、全部「語り」の形で伝達される。先ほど『嵯峨野明月記』が一人称で三人が語る「語り」の形で書かれていると申し上げましたが、それは恐らくここから来ていると、私はひそかに考えております。もちろん、意識的にそれを使ったわけではありませんけれども、そういう形式で書いていくと、心の中に沈んでいるものを、すみずみまで十分に吐き出せるという感じになりまして、こういう「語り」を文学表現のリズムとして自然に使うようになったのではないかと思います。

ここで「語り」といいましても、琵琶の場合、ただ物語を語っていくというだけではなくて、琵琶を弾じながらいろいろな節回しで語ってゆく。こういう抑揚、節回しは、悲しい場面、喜ばしい場面、悲壮な場面、さびしい場面それぞれにふさわしくつけられている。これは容易に喜怒哀楽の感情を、人の心に惹き起こし、現実から、別世界に引き入れていくことを許してくれます。一般にこれは文学の重要な役割であるわけですけれども、事実、琵琶楽は、音楽である以上に、非常に多くの部分を文学に依っている。もちろん、『平家』もありますし、『太平記』もありますし、その他新曲もあります。これらは音楽でありますけれども、ヨーロッパでたとえばシューベルト(一七九七〜一八二八)がある歌曲、「鱒」なら「鱒」を、作曲し、やがてそのメロディが独立して、ピアノ五重奏になっていくということは、ここでは起らない。琵琶の場合には、曲そのものがある一定のパターンを持っている。そのパターンをいろいろ繰返す。たとえば〈くずれ〉といって、クライマックスの場面でやる手数《てかず》、節回しとか、あるいは悲壮感を喚び起すための、〈大干《たいかん》〉というような節回しとか、そういうふうに、一定の型があって、それによってある感情を喚び起している。ですからこの場合、文学的な内容がそこにないと(つまり曲だけでは)聞き手の心の中に喜怒哀楽は生まれてこない。どうしてもそこに文学というもの、文学的な内容、出来事とか、人々の運命とか、別れとか、出会いとかいうものがなければならない。ですから、琵琶楽にとっては、この琵琶歌というものがなければ、楽しみが半分ということになります。実は、文学が喜怒哀楽を喚び起すものだという認識は、文学と意識的に接触する前に、私の体の中に入っていたわけであります。

ところで、ご承知のように、西洋文学、特に一九世紀に文学ジャンルの主流となった小説は、人の心にエモーションを喚び起すというよりは、出来事なり、社会的情況なり、人物なりを、正確に描くことを目ざしています。そこで大事なことは、いかに、隠された真実に達するかという問題になります。ですから、これは情感を喚び起す叙情的な文学、劇的な文学よりは、むしろ〈認識〉の文学と呼んだほうがいいかと思いますが、そういうものに、私はだんだんと触れていくことになるのであります。しかしながら、そういう文学に触れる前に入っている、琵琶楽による文学様式——すなわち人の心を動かし、ある別の世界に導いていく文学の在り方、日常では味わうことのできない強烈な感情を味わわせる文学の目的——からしますと、この心理学的というか、社会学的というか、そういう分析的な、認識的な文学は、私とどうしても折り合わない。

近代小説を勉強してまいりますと、次第次第に自分が欲しているのはこういう文学ではないと思えてくる。特に一九世紀を支配したリアリズムの文学、写実主義の文学には、なかなかついていけなくなる。

たとえばT・S・エリオット（一八八八〜一九六五）はこのことについて次のように言っています。

文学は（一七、一八世紀にあっては）哲学、心理学及びその他すべての研究とは別のもので、その目的は閑暇と教養を十分に持つ人々に洗練された愉悦を与えることであった。……文学はしばしば（一九世紀の）批評家によって真理を抽出し、あるいは知識を獲得する手段として幾分取扱われている。批評家が普通以上に哲学的乃至宗教的な心の人ならば、自分が批評する作家の作品の中に哲学的乃至宗教的直観の表現を求め、現実的な傾向の人ならば、文学を以て心理学上の真理を発見する材料、もしくは社会史を説明する記録と見るであろう。……（一七、一八世紀には）芸術や文学は宗教、哲学、倫理学あるいは政治学の代用物でもなく、また決闘や求愛の代用物でもなくて、生活の特殊な限られた装飾品であった。

（『批評における実験』矢本貞幹訳）

こうした発言を喚び起した一九世紀文学の本質は、一言でいえば〈精神的愉悦〉というより、対象の〈認識〉にアクセントが置かれていたことがわかります。ここで、なぜ一九世紀に〈認識〉の文学が主流になったかを詳細に分析する時間はありませんので、要約してそのすじ道を示しますと、次のようになるでしょうか。すなわち、自然科学と技術化社会を形成した西欧の合理主義は、具体的な〈生成〉としての世界に、いわば計量可能な理念的秩序をつくりあげました。

この際、たとえばフッサール（一八五九〜一九三八）が『ヨーロッパ諸学の危機と超越論的現象学』で指摘しているように、もともと計量可能な合理的秩序であるところのものも、つねに、その基底に、具体的な〈生活世界〉を持っていた。つまり純粋に理念的な幾何学も、はじめは実践的な測地術から始まっていたというわけです。ところが、自然科学と技術化の趨勢は、本来、奉仕すべき人間の具体的な〈生活世界〉に関心を向けることを忘れて、理念的レヴェルでの本質性の追求に向うことになりました。

私たちは、現在、計量可能な管理世界の中で生きるように強制されていますが、これは、本来、計量不可能な具体的、偶然的（むしろ運命的というべきかもしれません）な私たちの個々の生活から、単に計量可能な部分を、現実に有効なものとして抽き出し、他は棄てて顧みないという態度から、人為的につくられたものなのです。

物質的には技術革命によって飛躍的に豊かになり、社会的には管理技術の滲透によって信じ難い程度に構造化され、管理化されてゆく現代社会のなかにあって、私たちがますます個人としての運命的な〈一回きりの生〉の意味を見つけ難くなっているのは、こうした合理的秩序への志向が、もともと運命性を偶然的なものとして排除するところに成り立っているからです。

もちろん古代ギリシャ以来の西欧合理主義が果した偉大な人類史的役割を私たちは忘れることはできませんが、同時に、それがもたらした否定的な側面が、とくに最近になって、重苦しく世界にのしかかり、人間を深い焦燥感と頽廃の中に投げこんでいる事実も見落すわけにはゆきません。

印刷術が発明されてから、言葉は、書物の形で人々の精神のもとに運ばれるようになりましたが、この〈書かれた文章〉も合理主義の流れの中で、分析力と認識力を鍛えてゆくようになるのです。詩作品もかつてのように、ただ吟遊詩人が朗誦するのを、大勢集まって、耳で聞いて楽しむというのではなく、印刷した文字を読み、孤独な形で楽しむというように変って参りました。小説が発達した背後には、朗誦による韻律が印刷によって衰退し、かわって散文が発達していった事実を見逃すわけにゆきません。

散文は文章法の上からも精緻に内容を表現できるようになったばかりでなく、黙読という形式は、文章の上に立ち止って考えたり、前へ戻って読んだりすることを許してくれます。聞く文章が聞き手を一方的に引きずってゆくのに対して、黙読する散文は、読み手の側の独立と自由の範囲を大幅に認めてくれます。読み手は好きなときにやめ、好きなときに始められます。朗誦を聞く場合にはそうはゆきません。

散文の性格のなかでもう一つ重要なのは、散文がつねに対象に結びつき、対象の内実を明らかにすることを主要な目的にしているということです。もちろん対象の内実を認識しそれを書きとめるのは、観察者・記録者ですが、しかしそこには、観察者・記録者の個性は問題になりません。観察者・記録者の感情なり心理なりが書き込まれるのは、それもまた対象として摑まれている場合にかぎります。散文の理想・目的はアラン（一八六八〜一九五一）のいうように「イデーをつくりだすことである」としますと、対象の内実が散文を通してあらわになるように書くことが、よい散文の書き方である、といえましょう。つまり散文を書く場合、観察者・記録者は一種の〈無私〉になるのです。この無人称性が散文のなかに現われていることは、言葉をかえれば、散文が対象＝思念を表わすという機能に貫かれているということに他なりません。

このような散文で書かれた小説が、対象を精緻に表現するという意図、つまり〈認識〉を動機としているのも当然ですし、小説世界が出来事なり人物なりの客体像の描出に力点を置き、また文章構造体のごときものとして孤立的・閉鎖的空間に形成されるのも、必然の成りゆきといわなければならないでしょう。

私がこうした散文による作品に接したとき、まずもっとも抵抗を感じたのは、それが読者を拒否するかに見える姿勢でした。もちろん表現とは読者に開かれた入口です。ですから、散文が意味を開示しているかぎり、散文が私たちを拒否するという言い方は間違っています。しかしそこで受け入れられているのは、認識する者としての私たちです。私たちの持つ他の働きは明らかに拒否されているのです。私たちが驚いたり、泣いたり、笑ったり、おこったりする力は、そこからは排除されている。散文に必要なのは認識力、分析力だけです。散文は無人称化され、無機質化され、ある意味で記号的なものへ向って機能化される運命にあります。

散文は、合理主義が生命の混沌たる〈生活世界〉から計量的秩序を切りだしていったのと同じ論理で、発声によって保たれた生命的発語（もしくはさまざまな個性的筆跡によって保たれる書体）のなかから、計量性に相当すべき論理性と思念性を切りだした結果である、といっていいものです。散文は、印刷されることで、まず、生命ある発声（さまざまな声の質、喋り方、言い違え、言いよどみ、感情の抑揚等々）や多様な筆跡（そのペンや筆、インクの色、さまざまな手写本の色調等）やバフチン（一八九五〜一九七五）のいう言語の具体的な多声・多層性を切り棄て、言語の純粋な抽象性へと切りつめられていったのです。すでに記号性を目ざしている合理的な言語志向は、言語を言語たらしめている発語主体である私たちを、乗り越えている、といっても構いません。あたかも私たちに固有の〈生きた空間〉、〈生きた時間〉から、計量的空間・時間が抽出されていったように、言語もまた、喋る言葉、朗誦する言葉、筆記する言葉から〈計量的な〉印刷された散文が抽出され、実体化されていったのです。

文章から韻律が失われてゆくプロセスは、単に詩的制約から自由になりたいという内的動機にあるのではなく、言語が記号性へと抽象化されてゆく心的趨勢の反映と見るべきもので、それはまた、散文それ自身の個性的様態に他ならぬ〈文体〉意識が、時代とともに稀薄になってゆくのと軌を一にしていると見てよろしいかと存じます。

こうした貧血化し機能化する散文に対して、文学者が意識無意識に反抗しないはずはなく、たとえば伝達機能を空回りさせるノンセンス文学とか、韻律の復活とか、朗読の試みとか、文章そのものへの注視とか、総じて言語の生命的要素を目ざめさせる方向への努力があちこちに見受けられるのであります。明治以降の日本文学の近代化のなかで、樋口一葉（一八七二〜九六）、泉鏡花、里見弴（一八八八〜一九八三）の意味が問い直されているのも、こういう点からであると言えましょう。

私自身のことを申しますと、かねてから単に黙読する散文、記号的なものへ無機化する文章ではなく、朗読によっても伝えられる文章、実際に声によって姿を現わす文章を書きたいという気質的な願いがありましたが、いま思えば、それは現代文明の非人間化の進行に対する本能的な抵抗が心の中にひそんでいたからだ、といえるかもしれません。この場合、私がとくに声によって読まれる文章に愛着を覚え、語り手（朗読者、吟唱者）が先導する物語的時間に同化することを文学享受の必須の条件と感じた根底には、やはり幾分かは幼時からの琵琶弾奏の影響を認めなければならないでしょう。すくなくとも、こうした反時代的な文章生命化が早くから私の作品の本質となる理由の一つとして、その影響を挙げることは間違っていないと思うのであります

（もっともこの場合、私はあくまで〈書く〉レヴェルで言語を問題にしています。〈書く〉レヴェルの中に生命的な、言語の多層性をもたらすのを目ざしているのです）。

　たとえばいま、語り手による物語的時間への同一化と申しましたが、散文の黙読とちがって、語り手はいや応なく聞き手を文章伝達と同じ速度のなかに引き込みます。聞き手はわからないからといって、勝手に物語の進行をとめるわけにゆきません。忘れたからといって、前のページを繰ってみることもできません。ですから、語りの場合には、語り手は、耳で聞いてすぐ了解できるということを一つのめどにします。また容易に前のことを想起できるように、同一の形容句、表現の型を繰り返します。ホメロスがオーロラを描くたびに「ばら色の指持てる」と形容句をつけ、ヘラを描くのに「腕《うで》白き」とつねに形容するのは、こうした聞き手側の想起を容易にするためだと言われています。もちろん耳にこころよい韻律が優先し、さらにそれに優美な節回しと伴奏がつくであろうことも当然考えられるわけです。

　ともあれ、こうして語りは物語的進行と同じ速度で聞き手を歩かせる。また聞き手の側にも、途中で立ちどまるいわれはない。聞き手は魂を奪われたようになって物語の世界に同化してゆくのです。

私はこの種の物語的進行に同体化させるべく、意図的に、生命的な文体と小説方法を用いた例としてチャールズ・ディケンズを挙げたいと思います。

ディケンズは認識的なリアリズム小説が発展した一九世紀後半から二〇世紀前半にかけて、単なるメロドラマ作家と考えられ、せめて社会問題を提起した小説家として評価される程度でしたが、二〇世紀後半からディケンズの新しい意味が評価されるようになりました。たとえばW・サイファー（一九〇五〜八七）は次のように言っております。

こういう（認識的なリアリズム）小説の反対の極にディケンズがいる。彼の芸術は反逆的であると同時にエロティックであり、世界を歪曲しながら同時にそれを愛している。彼の感情のほとばしりは、善はもちろん悪のなかにもそそぎこまれる。彼はロンドンの貧民窟を慈しみ、そして憎んでいる。（…）彼は醜いものに夢中になり、グロテスクなものを最も発明豊かな芸術範疇の一つとして露わに示している。彼はフローベールの外在性の幻影を抱くことはまるでなかった。彼の愛情は自分が道徳的には許しえないもののなかにまで溢れ流れこんでいった。彼の小説は現実に似合わせるものではなく、作ることに献げられた途方もなく豊かで非合理な過剰であった。（…）彼は現実のなかに深く浸されていたが、現実をあるがままに表現しようなどという衝迫を感じたことはいささかもなかった。彼こそはすべての作家のうちで最も思想なきものの一人である。（…）彼の豪放磊落な論理を見ていると、思想とは、防備の戦術、行動の抑制、世界を一定の距離に隔てておくためのエゴの道具であるというフロイトの考えを思い出さずにいられない。（…）思想は、行動を停止するものであるとすればそれは孤立あるいは疎外の一原因ということになる。ディケンズの小説はまさに運動衝動放出の媒介物なのだ。彼の劇は一種の身振りであり、それは舞踏に合体させた様式化した活動にほかならぬギリシア演劇と同じ肉体的意味において模倣的《ミメティック》なものなのである

（『文学とテクノロジー』野島秀勝訳）

こうしたディケンズ的方法の特色は、読者（これは朗読を得意としたディケンズには聞き手という言葉と同意語だったでしょう）の心に、物語の進行と同じ速力の進行を喚び起す文体にも見てとることができます。それは言いかえれば現象（出来事、人

物の行為等）を、それが起るのと同一空間の中に置くように装置することです。これは、演劇が舞台の上で劇的行動を展開する際に用いる基本的な手法ですが、小説は、しばしば、このような直接表示をプリミティーフな形として避けます。それをディケンズは効果的に、力づよく用います。たとえば『クリスマス・カロル』（翻訳では、文体論はできませんが、特異なその方法の一例として眺めていっていただきたい）のなかでスクルージが、十五分ごとに鳴る時計の鐘を聞く箇所がありますが、ディケンズは次のように書きます。

その十五分は非常に長くて、彼は一度ならず、我知らずうとうとして、時計の音を聞き漏したに違ひないと考へた位であつた。たうとうそれが彼の聞き耳を立てた耳へ不意に聞こえてきた。

「ヂン、ドン！」

「十五分過ぎ！」とスクルージは数へながら云つた。

「ヂン、ドン！」

「三十分過ぎ！」

「ギン、ドン！」

「もう後《あと》十五分」とスクルージは云った。

「ギン、ドン！」

「いよいよそれだ！」と、スクルージは占めたとばかり云った、「しかし何事もない」

（森田草平訳）


ここでディケンズは時計の鐘を「ギン、ドン」と四回じかに舞台の正面で鳴らしてみせます。しかしふつうの小説家なら、これを「時計は四回鳴った」とか、せめて「ギン、ドンと十五分ごとに鳴った」とか書きます。こういう書き方は、現象のなかから、認識にとって有効な要素を切りとってゆこうとする合理的視線の結果です。そこでは、「ギン、ドン」と四回繰返すというごとき表現は、きわめて迂遠な方法として回避されることになるのです。

しかしディケンズが物語的進行と読者を同体化させるという見方に立てば、これが、いかに効果的方法であるかは一目瞭然です。私たちは、時計の鐘を聞くスクルージを、額縁の中の絵のように見ているのではありません。「ヂン、ドン」は実はスクルージとともに私たち読者が直接聞いている音なのです。私たちは額縁の外にいるのではなく、その中に巻きこまれている。

もう一つ同じような例を挙げますと、いまの箇所から少し先に、スクルージが徒弟時代を思い出すところがあります。

読者はこれ等二人の若者がどんなにそれを遣っ附けたかを話しても信じないであらう。二人は戸板をもつて往来へ突進した――一、二、三――その戸板を嵌めるべき所へ嵌めた――四、五、六――戸板を嵌めて目釘で留めた――七、八、九――そして、読者が十二迄数へ切らないうちに、競馬の馬のやうに息を切らしながら、家の中へ戻つてきた。

(同上)

ここでは二人の若者が大急ぎで雨戸を嵌める姿が描かれているわけですが、ディケンズは「大急ぎで」とか「素早く雨戸を嵌めた」と書かずに、私たち読者自身に「一、

二、三、四……」と数えさせるのです。つまり、二人の若者が雨戸を嵌める速度は、額縁の中の小説世界の速さではなく、私たちの数える速さなのです。言いかえれば、私たちは二人の若者が動きまわる空間・時間と同じ空間・時間の中に立たされることになるのです。

散文は、客観的な描写により対象を読者の前に現わしますが、しかしそれと読者との間には、非常な距離があります。しかしながら、ディケンズの小説や、シェイクスピアの劇の場合には、そういう距離を、むしろ無視する。劇的な出来事が主体と無関係に描かれるのではなく、むしろ見ているわれわれの方に、覆いかぶさってくる。われわれをその出来事の中に、人物の宿命の動きの中にまき込んでいって、その人物、あるいはその出来事の中にいる人間と、同じような心的状態にする。それがこの人たちの文学的理想でもあり、またそれが現在まで古典として読まれ演じられている、非常に根強い理由でもあるわけです。琵琶の場合も曲というもの、節回しというものは、客観的にわれわれをその語られる人物、出来事から離すのではなくて、そういうものの中に引き込んでいくという働きをする。散文の場合には当然節回しはありません。ですからディケンズのような方法を用いることになります。

このようにディケンズや、あるいはシェイクスピアにおける、強い感情の動きの表現と、さらにそれだけではなくて、その動きの装置の中に私たちを巻き込んでしまうという姿勢――それを実は私は、心の底の方で琵琶から受けているのではないかと思っているのであります。

これが私の小説の外側の面、小説の形態にかかわる影響というふうにいいますと、内面的な影響は、小説のモチーフ（動機）に現われているように思います。人は小説を書く場合、〈何かあるもの〉に衝き動かされて書くのが普通です。私はそれを一種の昂揚した心的状態というふうに定義します。そしてその書かずにいられないような状態のことを、〈詩的な状態〉といっております。〈詩的な状態〉に自分の気持が昂まるのは、どういうときなのか。それは、単純にいいますと、直接に何という動機のない喜びの感情に満たされるときです。喜ばしい感情、あるいは「すべてのものがいいのだ」というような、非常に強い肯定感に満たされ、じっとしていられない状態になったとき、書くという行動に入っていくのです。

それがなぜ小説という形をとるかという問題はきょうの予定の主題とは外れますの

で、別の機会にお話ししたいと思いますけれども、とりあえず、その心の中の、自分を衝き動かす原初的な衝動はどうして生れてくるのか。私自身もそういう強い芸術的な衝動につねに駆られているかといいますと、決してそうではない。特に小説を書き初めのころは、かなり間歇的にしか、そういう状態が生れてこなかった。たとえば第二作目の長編小説『夏の砦』は信州で三夏かけて書きました。夏、信州で、燦燦と降る光の中で生活しているのですが、畑の中のちょっと小高くなった草地に山羊が一匹おりまして、その山羊のそばに坐って、午前中じっと無為に過している。するとときどき、突然強いインスピレーションといいますか、喜びの感情に襲われる。そこで、急いで家に帰って、ある章を書く。ところがそういう感情が終わってしまうと、もう筆は進まない。無理をして一所懸命書いていっても、後で読んでみると、その章は全然力がない。こういうわけで、仕方がありませんから、夏の朝早く、その草地へ行って、青い空を見ている。と、突然そういう喜び、喜ばしい非常に強い昂揚感が襲ってくる。そこで、また急いで帰って書く。そんなことで三夏、そこで過して書いたわけです。

始終こういう喜びの感情に襲われるならば、いつもいい作品が書ける、あるいは、少なくとも充実した状態で書けるはずである――そう私は思いました。もしそうならば、どうしてこういう感情が到来するのか、を摑まなければならない。同じ時間に夏の光の燦燦と降り注ぐ、緑の草地の上にいても、山羊がめいめい鳴いていても、全然そういうものが起ってこないときは、起ってこない。だから、何かしらそういう感情が起る理由があるに違いない。で、そういうこともあって私は人間の心の状態、感情とか情感とか、いったものの研究を始めたわけです。

これは『情緒論の試み』という論文にまとめてありますけれども、このなかで、私は、喜ばしい状態、昂揚した「すべてよし」という肯定感を、〈願わしいもの〉の充足、と定義しております。つまり〈願わしいもの〉、〈願わしい目的〉があって、それが実現する、それが手に入る、そういう場合には喜びの感情が生れる。もちろんこの〈願わしさ〉の内容は、きわめて利己的な願望から崇高な自己犠牲の願望まで、およそ願うという心的趨勢にあるものすべてを含みます。ですから、その願望の内容によって喜びの感情もさまざまです。それこそ利己的願望のなかには、他者の失墜を願うごときいかがわしい欲求もあれば、復讐欲、権力欲、物欲のごとき心的趨勢もあります。しかしそれらを道徳的基準や評価的感情から判断するのではなく、純粋に、〈欲求と充足〉という〈心的緊張から弛緩への動き〉として眺めるかぎり、そこには〈喜び〉というべき情感を認めることができます。権力欲、物欲、復讐欲の充足などは、はたで見ていて、決して快いものではありません。ですから、その意味では〈喜び〉といっても、誰もが喜べるものではなく、普遍的な形では通用しないものといえます。しかし当事者にとっては、利己的欲求であれ何であれ、欲求と名のつくものが充足されれば、その心的緊張はとにかくゆるむのです。この緊張のほぐれが身体的にある軽さ、明るさとして作用する。この軽さ、明るさを精神的なレヴェルで受け取るのが〈喜び〉ということになります。

しかし〈喜び〉という言葉が第一義的に示している心の明るさ、満足感、躍り上りたいような弾みは、当然、はたの人間である私たちにも、そう感じられるものでなければなりません。そのためには、その欲求が利己的(自己集中的)であってもいけないし、攻撃的(他者否定的)であってもいけないのです。

私たちが日々生活をつづけていて感じるのは、生物的なレヴェルでの自己拡大の欲求が激しいことであります。物欲にせよ、食欲、性欲、権勢欲、虚栄欲等々はすべて生物的レヴェルでの自己拡大の欲求に還元されます。それは私たちが生物として生きてゆくための本能的な自己保存、種族保存の欲求であるともいえます。

しかしながら、この欲求と裏腹に、私たちは深い無関心、無感動に浸されているのも事実なのです。それは生物的レヴェルでは本能的に生きながら、より高度な精神的レヴェル、人間的レヴェルでは、積極的な生の意欲を見失っている、ということに他なりません。その原因の最大のものは、現代文明が個々人から個別的な運命の意味を剝ぎとって、いわば無人称的な成員に変えている事実です。現代の管理社会は〈生活世界〉の上に築かれた抽象的な精緻なメカニズムのごときもので、よくも悪くも、私たちはそれに支配されています。つまり私たちは合理的秩序のなかで、かつての非合理の暴力（迷信、偏見、不衛生、種々なる無知など）から守られることになったわけですが、同時に、非合理の中で生れた冒険精神、勇気、親切、連帯感、自己犠牲等々の美徳を失いました。管理と安全は私たちに生の確実さを増大させた反面、生きる新鮮さを奪うことになったのです。

新鮮な、未知の、混沌たる〈生活世界〉のなかで冒険的に生きることが生本来の在り方だとしますと、こうした合理的秩序のなかで生きるとは、抽象化された一面的生を強いられることでしかない。私たちの生きいきした感覚も想像力も情緒感応力も括弧のなかに入れられてしまう。かくして生の疎外が意識の深層にまで及ぶことになります。現代の根底に巣食っている無感動《アパシー》とは、こうした擬似的な生の刻印にほかなりません。

人間が生物的な自己拡大の本能を理性的に制限して、共同に生活する者として相互の尊重に踏み出すのが、人間が精神化し、人間化する第一歩です。文化的存在者としての歩みはそこから始まります。しかしそのためには、共同に生活する場が明瞭に各人の視野の中に見えていなければなりません。そこでの全体性、協調性、互恵性など共同存在が持つ物質的・精神的な意味が的確に把握されていてこそ、いっそう多く自己拡大の欲求は浄化的に止揚されることになるのです。そうでなければ自己拡大はそのまま一直線に他者否定に通じてしまいます。それでは共同存在としての自己を否定する結果になってしまいます。つまり生きるという真の意味と矛盾することになるのです。

現代の管理社会は、こうした共同存在としての視野を分断するように働いています。私たちは巨大な機構の一部品であり、括弧に入った機能者としてしか生きていません。私たちが共同存在し、互に全人間的な形で結びついているという事実を、心の底まで納得するような瞬間は、ごく稀にしかないのです。それは、自己拡大の欲求を理性的に抑止し、止揚してゆく共同存在への視野を失っている、ということに他ならないのです。現代の管理社会が人々に根源的な無感動《アパシー》を喚び起しているにもかかわらず、そこで生物的な自己拡大本能に還元されるごとき赤裸な欲求衝動が見られるのは、こうした理由があるからなのです。

現代は、自己拡大の欲求を人間的な創造的な力に高めてゆくすじ道を失った時代といえましょう。人間の創造力も思索力も根底にはこの生きる力に他ならぬ自己拡大の本能が横たわっているのです。その血のしたたるネプチューンのごときものがアポロンの叡智として輝くところに人間の存在理由があるのであります。

〈願わしいもの〉の充足が〈喜び〉であると定義する場合、こうした願わしさの全体を一応顧慮しておかなければならないでしょう。そうしておけば、おそらくオセロを陥れるイヤゴーの喜びや主君を殺害するマクベスの満足をも〈喜び〉の範囲のなかに取り込んでも、誤解されることはないでしょう。自己拡大の欲求は共同存在のヴィジョンを失うと、直ちに他者抹殺へと突進してゆきます。しかしそれが悪を意図するにせよ〈喜び〉を得ることは否定できないのです。

ここで強調したいのは〈喜び〉を得るためには〈願わしいもの〉、つまり何らかの欲求が前提とされていることです。もともと私たちが生きていることが自己拡大の欲求の中に置かれているのですから、私たちは本来的に〈願う存在〉であるといってよろしいのです。生きるとは欲求することです。決して無関心、無感動のなかに陥ることではないのです。

ですから、私たちは、私たちに無感動《アパシー》を強いる社会のレヴェルで、何とか括弧を外して真の意欲を取り戻さなければなりませんし、同時に、自己拡大のレヴェルでは、逆に、理性的な自己限定、自己止揚を試みなければならないのです。そしてそれは、共同存在という人間の全体性を取り戻すことの、いわば楯の両面のようなものなのです。

ところで、私は、詩的状態を〈喜ばしい感情〉である、しかも特に喜ばしい理由なくして感じる〈喜び〉である、と申しましたが、〈喜び〉が〈願わしいもの〉の充足であるとしますと、理由のない喜びということは、この定義に矛盾します。喜びがある以上、何らかの〈願わしいもの〉があり、その充足がなければなりません。

私が信州の夏に感じた理由のない喜びの感情も、どこかに理由が隠されているはずでした。その理由探索にはあれこれ試行錯誤がありましたが、最終的に私はこう考えるようになりました。すなわち私が〈喜び〉を感じている以上、私は何か〈願わしいもの〉を充足されているにちがいない。とにかく私は充足された状態にいる。ただ、その充足されたものが何であるのか分からないのだ。では、いま私は何に充足されているのだろう……。

私は自分をかえりみてとくに何かに満たされているとは思えませんでした。あれもやりたい、これも足りないという具合で、決して充足しているとは思えないのです。それにもかかわらず充足しているとはどういうことか――これはなかなか難問でした。

私は、その後、この〈喜ばしい状態〉が不意に訪れるたびに、自分の内部を覗き込むようにして、喜びの理由を観察しつづけました。

やがて私は、とくにリルケ、芭蕉、プルーストの生き方や作品を通して、徐々に、つぎのようなことを理解してゆきました。

人間はこの世に生きている。ところが、生きているという事実があまり自明なために、〈生きている〉ことに気がつかない。ごく稀に、重病からやっと恢復したときとか、危険から生還したときとかに、〈生きている〉という単純な事実にぶつかり、はっとする。〈生きている〉ことは何と新鮮であるか、何とすばらしいか、と思う。ドストエフスキーは自分が若いときに経験した銃殺刑の直前のおそろしい経験を『白痴』の中で描き、この〈生きている〉ことの有難さ、貴重さについて触れている。たしかに〈生きている〉ことはあまり当り前なために、誰もわざわざそのことに眼を向けない。誰もが、そのことを通り越して、その向うに視線をすべらせている。

しかしもし人が恢復した重病人のように、銃殺刑から免れた男のように、〈生きている〉ことを、じっと見つめたら、それは何とも奇蹟に満ちた、歓喜の世界に見えないだろうか。空が青いことも、雲が流れることも、風が吹くことも、鳥が飛ぶことも、花が咲くことも、不思議で不思議でたまらないものに見えるのではないだろうか。芭蕉が「この秋は何で年よる雲に鳥」と吟じた驚き――それはこうした〈生きている〉ことの奇蹟のような有難さ、存在の深い恩寵感に、はっと目を見開いた瞬間の心持ではなかったろうか。

だが、〈生きている〉ことが奇蹟のように思え、この世が不思議に満ちていると見えるのは、恢復した重病人、銃殺刑から許された男にとって、〈生〉が激しく願われたからではないのか。つまり彼らにとっては〈生きている〉ことは、ただそれだけで激しい願望の成就であった。〈願わしいもの〉の充足だった。

とすれば、と私は考えつづけました。私が信州の夏の光のなかで、理由なく喜びを感じたのは、無意識のうちに、重病人や銃殺刑の男と同じように、この〈生〉を願わしいと思う気持があり、その欲求が〈充足〉していると突然直観した瞬間があったからではないか。

私は、ちょうど一九六八年にモンマルトルに住んでいた頃、執拗にこの問題を考え、当時書いた『モンマルトル日記』も毎日このことで埋められております。

私は〈生きている〉ことを何か恩寵に似た事柄として感じようと努めていたことを思い出します。しかし、〈生きている〉ことを、それだけで〈喜ばしい〉と感じるためには、何よりもまず〈生きている〉ことを、重病人のように、銃殺直前の男のように、強く激しく乞い願わなければならないのです。私たちは、想像力を用いて、私たちから〈生〉を剝奪された状態に身を置き、〈生〉を乞い願う存在としなければなりません。私はそれを、不満な現状を慰める口実とするのではなく、あくまで不満そのものを通り越し、不満を無効にするような〈生〉のレヴェルに達すること、と理解しています。

日本語においては「有り難し」という言葉があります。〈生きている〉ことを自明な事実ではなく、文字どおり「有ること」の難しいことと考えることです。しかしそう考えることができるとき、そこに、〈生きている〉ことが有り難いこととして、感謝に値する恩寵的な事柄として、不意に、私たちを閃光のように貫くことがあるように思うのです。

少くとも私が信州の夏の光を浴びて感じた〈喜ばしい気持〉は、こうした心の経緯を辿って生れてきたものでした。それは、その後、さまざまな経路を辿って確かめていったものでした。

もちろん私たちはこの世に生れてきて、それだけで目的を達し、それで万事終ったわけではありません。それがまさにスタートであるからこそ、私たちは〈生きている〉ことを自明のこととして忘れてしまっているのです。それは人生の種々な目的や価値の枠にしかすぎません。ですから重病とか危険とかいう特殊な状況に置かれないと、その枠が見えてこないのです。

しかしこの枠がはっきり見えてくる重病とか危険とかの特殊状況では、私たちは、実は、人生の他の目的も価値も忘れているのではないでしょうか。そんなものは、この際意味がないからです。ただ〈生きている〉ことだけに意味があり、それだけが欲求されているからです。

つまり私たちはこのような特殊状況のなかでは、人生の目的、価値を忘失し、放棄し、すっかりそれから透明になっています。そしてただ〈生きている〉ことと純粋に直面しているのです。

禅がかかる境地だと主張する気持はありませんが、私は、静かな昂揚した〈詩的状態〉にいるとき、時どき、昔、小学生の頃、夏の早暁に見た寺の緑の木々や、掃き清めた砂や、朝やけの雲を思わないわけにゆかないのです。

子供の私には、夏の早朝の風物のなかに書きこまれた神秘な〈喜び〉の文字は読めませんでしたが、その書物を与えられたのは事実だったからです。

私が文学創造のインスピレーションを受けるのがこうした〈存在への驚き〉、〈生きていることへの恩寵感〉であることは間違いありません。それは〈世界＝私〉という形で自覚されたある透明な昂揚感といっていいものです。そしてもしそうであるとしますと、本当は、それはずっと昔、青松寺の庭で私の前に啓示されていた。あとはただそれを読んでゆくプロセスがあっただけだ、と言えるのかもしれません。

私の作品の内容が琵琶と直接に結びつかないとしても、父を通して内的に結びついていると申しあげたのは、実は、私の思考の過程に、〈世界＝私〉という自己透明な存在の在りようがきわめて大きな比重を占めているからなのです。私の小説はすべてこの〈世界＝私〉というものを析出することから生れているような気がしているのであります。

（一九八〇年四月二九日　辻靖剛米寿記念琵琶演奏会）

小説家への道

私がはじめてパリにきましたのは一九五七年で、もう今から二五年も前になります。ここにおられる方が生れるか、生れて間もない頃ですから、思えばずいぶん昔になりました。とても、そんな長い時間がたったと思えません。

当時、私がパリでどんなふうに暮し、何を考えていたかは、当時くわしく書いた日記が『パリの手記』という題のもとに五冊出ていますので、それを見ますと大体のことは分ります。私自身も当時の細かい事はかなり忘れていますけれど、『パリの手記』をとり出してみますと、我ながら涙ぐましいほど、純心に文学の問題を考え、よく勉強していたことが分ります。

私がそのときフランスにきたのは、もちろんフランス語の勉強、フランス文学の勉強のためですが、それ以上の理由がありました。それは次のようなことです。私が小説を書きたいと思いながら、どうしても小説を書くことができなかったので、何とか小説の根拠、レゾン・デートルを見きわめて、身も心も打ちこんで小説を書くようになりたい、そのためにはバルザック、スタンダール以来、近代小説を育ててきたパリの生活の中に入ることが、もっとも私の小説探究にふさわしいと思われたからです。

はじめて私が小説を書いて発表したのは一九歳の年で、まだ第二次世界大戦が終っていませんでした。私は、その当時の日本ではめずらしく反戦的な学生でした。もちろん一人で戦争に反対するわけにはゆかないので、できるだけ、すべてのことをサボタージュすることで、自分の意志を表明したのです。

しかし戦争が終って、日本の近代の歴史がはじまって以来の混乱が生れました。神格化された天皇が「自分は人間である」などという珍妙な宣言を出したことが象徴していますように、戦前の価値観が、戦争の終りとともにすべてひっくり返りました。今までよしとされていたものはつまらないものになり、今まで人がさけていたものがよしとされるようになりました。国家観もその一つですが、古くから日本の美しい道徳の源とされた「家」という存在も、多くの人は疑わしい目をもって眺めるようになりました。

私自身について言いますと、戦争中、日本人とくに日本の軍人が、日本精神のすぐれた点を強調し、現実を見もせず、ただ精神主義であれば何でもできると考えていることに強く反発していました。そんな非合理な考え方で現実にぶつかっても、現実を正しく処理してゆくことはできない。現実を処理し、思ったことを実現してゆくためには、現実の本質を見きわめる理性的態度が必要だ、と思っていました。そんな考え方を持っていたところへ、戦争に敗れたのです。この戦争に敗れたという事実は、私に、非合理的なものへの信仰が破れたことだと思えたのです。私は、何もかも理性的に、合理的に行わなければならない、と考えました。たまたま当時あるジャーナリストの書いたものを読んで感銘を受けました。そのジャーナリストは医学問題を専門に書いている人だったのです。その人は、次のようなことを書いていた。いくら医者に聞いたり、医学書を調べたりして、医学の記事を書いても、私は結局は医学について物知りになっているが、真の知識というものは持っているわけではない。なぜならば真の知識とは、現実の問題に直面したとき、その知識を用いて問題を解いてゆける、そのような知識でなければならないからだ。たとえば盲腸炎についていくら知っていても、盲腸炎を手術して治してやることができなければ、真の知識を持ったとは言えない。——そのジャーナリストはそう書いて、自分にとって真の知識とは何かを反省していたのです。

私もそれを読んで、ただ物知りになろうという意識のない、あくまで真の知識を身につける人間になろうと考えたのです。

実は、その頃から私は、小説を書こうとして机に向っても、どうしても小説を書くことができないのを発見したのです。小説とはもちろんフィクションの世界です。そのフィクションの世界を書いていると、どうしても本当のことを書いているように思えない。現実の困難な問題があって、それに向っている時、私たちは、意志の力もいるし、今申した真の知識もいるし、人間の能力のすべてをそこにかけなければならない。たとえば医者が患者の手術をする場合、すこしでも油断したり、または知識や技術が不足したりすれば、その患者は死んでしまう。現実は生きるか死ぬか、成るか成らないか、というきびしい条件を持っている。そういうきびしさにむかい、そのきびしさに対応できるだけの強い精神と意志の力がないならば、人間は、生きぬいてゆくことができません。

こうした現実のきびしさに較べると、フィクションの世界の中には、恣意的な判断が入りこんできます。たとえばある瞬間に、一人の男が二人の中のどの女を愛するか、というのは、その主人公になりかわっている作者の意志です。そこで恋愛が成立するかどうかも作者の意図によっています。つまり、フィクションの世界は客観的に描かれているように見えながら、あくまで作者が思ったようにでき上ってゆくのです。もちろん文章を書いたり、小説という具体的な作品を作ることは、現実のきびしい仕事にはちがいありませんが、その内容であるフィクションの世界はあくまで作者の気ままな判断によって作れるのです。現実のきびしさの前で、自分の全能力を使って生きることが、真の生きることであると考えていた私には、こういう気ままな判断を許す仕事は、一人前の人間が、生きる対象として真剣にとり組むべき仕事と思えなかったのです。

私が小説を書こうとすると、どうしても、作者の思いのままになる世界に向うより、私の周りに拡がる未知のものを認識する要求のほうが強くて、小説を書きつづけることができませんでした。私は現実のきびしさと直面するために、大学に籍を置いたまま、自動車会社に勤めました。生活のためというより、現実の社会がどのようなものであるかを、仕事を通して知ってゆきたかったからです。私は大学の卒業論文にスタンダールをえらびました。しかし私の興味があったのは『赤と黒』でも『パルムの僧院』でもなく、『イタリア絵画史』を書くまでのスタンダールでした。一八〇一年にスタンダールはグルノーブルからパリに出てきて、モリエール（一六二二～七三）のような喜劇作者になりたいと思って、コメディー・フランセーズに通い、モリエールの脚本のどこで観客が笑ったか、ということを調べたり、デステュット・ド・トラシー（一七五四～一八三六）の観念学（イデオロジー）の勉強をしたりしますが、結局、書いた戯曲は、すこしも彼の気に入りません。彼は、かたわら、いろいろの女の人に恋愛をします。のちに『恋愛論』を書く人ですから、女中さんでも、奥さんでも、手当り次第に恋愛します。一八〇六年には、メラニーという女優さんを追ってマルセーユまで行って、食料品屋に勤めています。そののち、ご存じのように従兄のピエール・ダリュの推せんで、ナポレオンの政府に勤めるようになり、王制復古になるまで文学の仕事はしないで、もっぱら現実に生きる人として活動することになります。

彼は王制復古とともにミラノにゆき、ふたたび美の世界に帰ってくるのですが、この文学修業を途中で打ち切り、現実の中に身を投じ、現実の世界を知りつくして、ふたたび精神の世界に戻ってきたというスタンダールの生き方が、当時の私に、自分の生き方の模範のように見えたのです。私は小説などを書くより、現実の生活の中に身を投げ、そこで必要な知識を身につけることが第一だと思い、小説を書くことを断念したのです。

ちょうどその頃、有名なサルトルの言葉、「二〇億の人間が飢えているとき、文学に何ができるか」、という言葉が、私たちの心を動かしました。病人がいれば病気をなおすこと、飢えた人がいればその飢えをいやしてやること――それが文学より、もっと大事な仕事ではないか。そういうもっと大事な仕事へ向うべきではないか、という気持も、小説を書くのを放棄させる動機だったように思います。

しかし他方でバルザックやドストエフスキー、ディケンズやトルストイのような作家の作品が私の心をとらえてはなさなかったのも事実です。このようにすぐれた作品が、私の思っているような気ままな判断によって書かれたのだろうか。現実のきびしさを避けた弱い精神に、このような力強い作品が書けるだろうか――それが私の問いになりました。もしきびしい現実の条件の中で、こうした文学を作りつづけることが、現実に劣らぬ強い精神を必要とするのであるなら、その根拠、その理由は何だろうか。

それよりも何よりも、いったい真の意味で、小説とは何だろうか——そういう問いが私に投げかけられていたのでした。

一九五七年に私がフランスにきたとき、実はこのパリというきびしい精神の生きている都会で、小説の問題を徹底的に考えてみたい——というのが私の心にあった最大の目的であったのです。それまでいろいろさがし求めて何も答が見つからず、フランスにくるのが、いわば、最後の切り札のような感じでした。

当時、私はプルースト『失われた時を求めて』を読みましたが、私にとってそれは、社会の壮大な壁画というより、一人の芸術家が、理性による認識のために、単なるオブジェとなってしまった世界の中で、もう一度、美の啓示によって、永遠を恢復する、魂のよみがえり（résurrection de l'âme）の物語と感じられました。

私ははじめて見るパリの町の美しさにおどろきました。そしてこの美しさが、あくまで人間が偶然的な生の中から、本質的形を作り出そうとする意志の上に生れていることを感じました。もちろん言葉で、はっきりそう定義できたわけではありませんけれども、パリに触れたことが、私に美というものの存在を強く予感させたのです。そしてそれは遠く古代ギリシャの古典美を私に予感させていたのでした。しかしなお、現実の世界に飢えた人がいたり、戦争で苦しんでいる人がいたりするとき、一個の芸術作品をつくるという意味が私には分りませんでした。どうしてこの一つのもの、広い地上のなかで、ただ偶然にえらばれたこの一つが大事なのか、そのことがわかりませんでした。もっと広く全体にかかわる問題こそが、大事なのではないか、と思いつづけていたのでした。私はどうしても、この問題をとくために、ギリシャにゆく必要があると思いました。

私がギリシャにいったのは一九五九年の夏でした。パリから汽車でブリンディシまでゆき、そこから船でピレウスにゆき、はじめてアテネに入ったのです。そのとき、私はバスの窓からパルテノンの神殿が近づくのを見ていました。アクロポリスの丘の上に、それは小さく見えていましたが、次第に近づくにつれて、私の胸の中に、何とも言えない光が走りぬけてゆくのを感じました。それはふるえるような強い喜びの感情でしたが、あまり強い感情でしたので、あとになってから、はじめて喜びの感情だったと気がついたほどです。そのときは、ただ魂を失ったようになって、ひたすらパルテノンの姿に見入っていたのでした。

私は何度も心の中で「これが美というものの姿だったのだ」と叫びました。私の中で、何かが大きくひっくり返ったような感じがしました。それはまさしく「啓示」と呼ぶにふさわしい経験でした。暗い夜、稲妻が光って、一瞬あたりの風景をすべて照らし出すことがあります。パルテノンからきた光は、私の心の中を、そのように照らし出したのでした。その瞬間、私が理解したのは、次のようなことです——美は一個の芸術作品を通して現われている。たとえばパルテノンの神殿は美の結晶そのものだ。それはアテネのアクロポリスの丘という現実の一点を占めている。それは限られた一つの場所、一つの個物である。しかし、それを通して現われている〈美〉は、何も地上の一つの場所に限定されているのではない。それはそのような一個のものを通して現われているが、その美は、一度現われた以上、その個物という限定をこえて、すべてのもの、地上のあらゆる人間を包んでいるのだ。アテネのアクロポリスの丘という地球の一点にパルテノンの神殿が置かれているのではなく、逆に、地球全体、人間全体がパルテノンの神殿に包まれている。ここでは関係は全く逆転しているのだ——そのとき、一瞬に私の中を走りぬけた思念を言葉で言い直してみると、そういうようなことになるでしょう。

私は、芸術作品を一つの個物と見ていました。たしかに、美術館で見るのは一枚一枚のタブローであり、一つ一つの彫刻でしかありません。しかし、それが一つとしか見えないのは、外側からその形をただ見ているからです。もし私たちが、その芸術作品の表わす〈美〉に触れ、〈美〉に共感し、〈美〉を生きるとき、それは、もはや〈一つのもの〉ではなく、私たちの生、私たちの世界、私たちの存在全体を包み、それを意味づけるものになるのです。はじめ、それは多くの中の一つです。しかし、その美を生きることによって、その〈一つのもの〉が〈全体〉となるのです。一枚のフェルメールの作品の中に私たちが生きるとき、フェルメールは多くの中の一つではなく、その〈一つ〉にこの世界全体が包まれることになるのです。ギリシャから戻ってきたとき、パリはもうすっかり秋になっていましたが、私の心は、夏の思い出で燃えていました。その秋、ほとんど小説を書こうという意志もなく、自然とペンが走り出したような形で、一つの短篇が生みだされました。『見知らぬ町にて』という短篇で、現在、私の短篇集の中に入っていますが、これが、二〇年に近い中断のあと、私が書いた最初の作品になります。

ちょうど、その秋、ビブリオテーク・ナシオナルのギャラリーで、豪華本の展覧会をやっていました。その中に、ライナー・マリア・リルケのフランス詩《Les Roses》

があります。たまたまガラス・ケースの中に開かれていた頁に次のような詩が書いてありました。

Une rose seule, c'est toutes les roses
et celle-ci: l'irremplaçable,
le parfait, le souple vocable
encadré par le texte des choses.

少し大げさに言いますと、私は、この最初の一行を読んだとき、身体が喜びではじけ飛びそうになりました。その瞬間「ああ、ぼくが探していたのはこのことだったのだ」と思いました。パルテノンの神殿を見て感じた〈一つのもの〉が〈すべて〉を包むという考え方――それが、ここでは一輪のばらとすべてのばらという形で、実に美しく示されていました。
〈一つのもの〉は、認識のレヴェルでは一個のオブジェにしかすぎないが、それを超えて表われる意味のレヴェルに立つとき、それは、一個という限定を超えることができる。一つのばらがすべてのばらとなるのではなく、すべてのばらであるためには、一つのばらでなければならない──私は心の底からそう思うことができたのでした。

その頃、毎日のようにプルーストを読んでいました。ビブリオテーク・ナシオナルで夕方まで勉強して、歩いて、カルティエ・ラタンを横切って帰ってきます。四月のある日、私はビブリオテーク・ナシオナルのかえり、ポン・デ・ザールの橋の上に立っていました。そのとき、理由もなく、突然、何にたとえようもない喜びの感情に刺しつらぬかれました。私は、シテ島やノートル・ダムやセーヌ河を見ていたのですが、その時私には、そういうものが、私と無関係にそこにある、というふうには思えませんでした。それは、私のシテ島であり、私のノートル・ダムであり、私のセーヌ河であり、私の空であり、私のパリである、というふうに「私の」という所有代名詞でもつけたほうがいいほど、私の両腕にかかえこんだものに思えたのです。

それまで、この世界は、私が生れる前から存在し、私が死んだあとも当然存在するもので、私と世界とのあいだには、ただ働きかけ、働きかけられるという関係しかない、と考えていました。しかし、ポン・デ・ザールの上で私が感じたのは、それと全く異なる世界で、すべてのものが私という人間の内に包まれている、ということでした。並木も家も走りすぎる自動車も、見も知らぬ群衆も、すべて、私と無関係ではなく、それは私の並木であり、私の家であり、私の群衆でした。

たしかに、それは私という一つの主観が切りとった世界の幻影かもしれませんが、私が、それ以外の世界を持てないとすると、この世界は、やはり、私にとって真実の世界であるといわなければなりません。

それから、世界は、私にとって、一つの大きな本、物語をいっぱいに書きこんだ本に見えるようになりました。一本の木、一軒の家、雲の浮ぶ空、急に降りはじめる雨も、外から、偶然的に、私と無関係に与えられているのではなく、世界というこの大きな書物を飾ってくれる挿絵のようなものとして感じられるようになりました。

このことは、私が世界を包んでいるとも言えますが、言葉をかえると、私が世界の中にとけこんで、見えない人間になり、世界と一つになっている、というふうにも考えられます。その頃、私は、ジョン・キーツ（一七九五～一八二一）のリチャード・ウッドハウスにあてた手紙をよんで、これこそ、私が見出したものだと思いました。

それは次のような手紙です。

詩的性質には主観がありません――それはすべてであり、無なのです――それは性格がないのです――それは光と影を享受します――きたなくても、美しくても、高くても、低くても、富んでいても、貧しくても、卑しくても、尊くても、楽しんで生きるのです。イモージョンと同じくイヤゴーのことを考えるのを楽しむのです。――徳の高い哲学者に衝撃を与えるものが、カメレオンのような詩人を喜ばせるのです。詩人とは、生きているものすべての中でもっとも詩的でないものです。というのは詩人にはidentityがないからです。――詩人はつねに他のからだを満たしています。太陽、月、海、衝動の動物である男女などは、みな、詩的であり、不変なところがあります。しかし詩人にはそんなものは一つもないのです。identityというものがないのです。詩人は、すべてのものの中で、最も詩的ではないものです。

私は、自分が風になって国から国、町から町へ吹いてゆくような気持になりました。ちょうど、そのすぐあと、それもビブリオテーク・ナシオナルでプルーストを読んでいますと、Hannibalという言葉にぶつかりました。すると、そのHannibalという言葉からの連想で、フランスにきてはじめての夏、暮したニースのことを思い出しました。その瞬間、自分の中に、音楽のようなものが鳴りひびいて、それを押しとどめることができなくなりました。私は、大急ぎで家にかえると、いきなり、小説を書きだしたのです。はじめを書いていて、その書くのがもどかしく、途中をとばして最後の部分を書き、それからまた初めにかえって、その次を書きつぐ、というふうにして、一息に、夢中になって書きました。もちろん文章について考えるとか、内容について考えるとかいうことはありません。それは、内側から、何かがいっぺんに噴き出してくる、というように感じられ、それをただ書きとめるだけで精いっぱいでした。こうしてできたのが『城』という作品です。それから『ある晩年』『影』というような作品が、同じようにして、内側から溢れるように出てきました。

私がはじめきびしい現実、と考えていたものは、相変らず、私のこうした変化に関係なく存在しています。飢えた人々は多く、戦争はあとを断ちません。人類の未来はかならずしも楽観をゆるすものではありません。にもかかわらず、そういう世界に対して、責任をとるということは、決してそれに直接参加するという直線的な道があるだけではありません。むしろ、そういう事態を明らかにすること、その意味を問うこと、それを人間の責任として引きうけることは、直接参加することと等しい、あるいはそれ以上困難な仕事といってよろしいでしょう。無数の要素の交錯するなかで、真実をとらえることは決して容易ではありません。そうした現実の複雑で生きた姿をとらえるには、ただ客観的認識による分析的な思考と表現では十分ではなく、そこに直観的な把握、生きた形のままで表現する小説、物語の形をとったある現実の表現が必要となってくるのです。

小説家にとっての美とは、真実を直観したことによって生れる一種の解脱、自由感といってもいいかと思います。意識的、無意識的にながいこと小説家の心にあった問題が、何かのきっかけで、あるまとまり、ある秩序をとることがあります。それは、多く、その問題を解決する一つの意味、パラダイムを発見した場合です。小説家は、そのことによって大きな自由を手に入れると同時に、それを文字によって、生きた形のままに定着しないではいられないのです。

この直観的に摑んだ全体の真実を、生きた形のまま(それは言いかえると詩的な形といっていいかもしれませんが)に定着するために、小説家は、フィクションというものを使うのです。その意味では、フィクションとは、はじめ私が考えていたような、作者の勝手気ままによって、どのようにもなるというものではなく、むしろ、ある必然の動きをもって作者に迫ってくるものだ、ということができます。フィクションとは、全体の真実を、生きた形で表わすための、必要な新しいパースペクティヴなのです。その例としてみなさんがよく知っている芭蕉の『奥の細道』を例にとってみましょう。

『奥の細道』で芭蕉は多くのすぐれた俳句を残していますが、たとえば「五月雨の降り残してや光堂」という句があります。このときの旅行に、曾良という弟子がついていって『曾良日記』という旅日記をつけていますが、それによると、この日は雨など降ってはおらず、晴れている、と書かれています。曾良は、いわゆる事実を丹念に書いていた人ですから、おそらくこの日は晴れていたのでしょう。しかし、ここでは、何としても五月雨が必要だった。というのは、光堂の神々しい、金色に輝く印象を表わすには、この建物のまわりにニンブスのような光があり、そこには雨が降らない、雨がそこをよけて降っている——そんな感じを強めるために、雨はどうしても必要であったからです。あるいは次のような文章を読んでいただきましょう。これは『奥の細道』の中に出てくる市振《いちぶり》の宿での出来事です。

今日は親しらず・子しらず・犬もどり・駒返《こまがへ》しなど云北国《いふほくこく》一の難所《なんじょ》を越《こえ》てつかれ侍れば、枕引《ひき》よせて寐《いね》たるに、一間隔《ひとまへだて》て面《おもて》の方《かた》に、若き女の声二人計《ばかり》ときこゆ。年老《おい》たるおのこの声も交《まじり》て物語するをきけば、越後の国新潟《にひがた》と云《いふ》所の遊女成《なり》し。伊勢参宮するとて、此《この》関までおのこの送りて、あすは古郷《ふるさと》にかへす文《ふみ》したゝめて、はかなき言伝《ことづて》などしやる也。白浪《しらなみ》のよする汀《なぎさ》に身をはふらかし、あまのこの世をあさましう下《くだ》りて、定めなき契《ちぎり》、日々の業因《ごふいん》いかにつたなしと、物云《いふ》をきく／＼寐入《ねいり》て、あした旅立《たびたつ》に、我々にむかひて、「行衛《ゆくゑ》しらぬ旅路《たびぢ》のうさ、あまり覚束《おぼつか》なう悲しく侍れば、見えがくれにも御跡をしたひ侍《はべら》ん。衣の上の御情《おんなさけ》に、大慈《だいじ》のめぐみをたれて結縁《けちえん》せさせ給へ」と泪《なみだ》を落す。「不便《ふびん》の事には侍れども、我々は所《ところ》々《おどりじ》にてとゞまる方おほし。只《たゞ》人の行《ゆく》にまかせて行《ゆく》べし。神明《しんめい》の加護《かご》かならず恙《つゝが》なかるべし」と云捨《いひすて》て出《いで》つゝ、哀《あはれ》さしばらくやまざりけらし。

一家《ひとつや》に遊女もねたり萩と月

曾良にかたれば書《かき》とゞめ侍る。

ここで芭蕉は「曾良にかたれば書きとゞめ侍る」と書いていますが、曾良の日記にはそのことは出ていないのです。

ですから、この出来事全体がまったく芭蕉のフィクションであったかもしれない。若い二人の女が芭蕉に同行を頼んだかどうかもあやしい。おそらく伊勢参りにゆく、哀れな遊女たちはいたにちがいない。そこに美しさ、哀切さを感じたにちがいない。現実は、詩の世界のはずみ（スプリングボード）として働いただけなのかもしれない。しかし芭蕉が摑んだ内的なヴィジョン、人生・宿命の持っている寂寥感、悠久感をなまなましく現わすために、フィクションを作らなければならなかったと言えるのです。

小説家は、一つの意味を見出したとき、解脱感、自由感を手に入れるといいましたが、このような意味とは、生をどのように見るか、どういう形として見るか、どういうふうに生きているか、ということに他なりません。

では、意味とは、単なる主観的な価値かというと決してそうではない。たとえば、カフカ（一八八三〜一九二四）の『変身』、グレゴール・ザムザという人物が巨大な虫になってしまったというような物語を読んだあとでは、やはり人生は別様に見えてきます。小説家がつかむ意味とは、この種の普遍的な内在しているヴィジョンをあらわな形にしたものだと言えます。ああいう深刻な恐怖感、現代生活で、誰でもが背負っている十字架のような恐怖感、それをカフカを通して本当に感じたとすれば、北斎の富士を見たあとで、富士がそういう新しい形で見えるのと同じ意味で、人生は別の形であらわれてきます。

私たちの現実はきびしく、生と死の形で、そのきびしさをむき出しにしています。しかし、こういう現実をきびしいと思い、人生が苛酷であると判断するのは——そのような意味を与えているのは——私たちなのです。自然と同じように、人間の生も、本来は沈黙しています。それをこのような意味あるヴィジョンに私たちがつくっているのです。

文学は、こうしたさまざまな意味、したがって内的なヴィジョンを与えます。内的ヴィジョンが世界をつくっているのです。とすれば、文学は、つねに、新しい世界をつくっているといえるでしょう。大きなダムをつくったり、砂漠の中に大都会をつくったりするのと同じように、文学は想像力によって一つの世界を作ってゆくのです。たとえばドストエフスキーの世界、プルーストの世界を通ってゆくと、そのあとでは、私たちの人生は前とは同じではありません。その意味では、ある別の世界が私たちに与えられたといえる。世界はより豊饒となり、より深みを増したと言えるのではないかと思います。

私が見出した小説というものは、ほぼこのようなものであります。こうしてパリで作品を書きはじめてから、三〇年、私はたえず夢中で書きつづけました。みなさまにお渡ししたビブリオグラフィがその結果です。しかし、時々、私は、パリに帰ってきて、自分がはじめに立った地点を確認する必要を感じます。それは決して回顧的に自分を眺めるということではなく、日本語でいう「初心」というものをつねに生き生きと保っていたいからです。

そのパリで、日本文学に心をよせて下さるフランス人のみなさまの前でお話しすることができたことは、どんなに私にとって幸せであり光栄であるか、分っていただけると思います。

（「小説を見出すまで　Le roman : histoire d' une découverte」
一九八一年五月七日、パリ第三大学文学部日本文学科）

小説家としての生き方——とくに物語形式と事実的伝達の差異について

現在、小説の周辺の世評はあまり香しいものではありません。それは小説の出来映えについての場合よりは（もちろんその場合もありますが）、小説そのものに向けられた批判が多いのです。たとえば小説は面白くないとか、小説の読者が減っているとか、小説が読みたい気分の時代ではないとか、小説では現実を捉えられないのではないか等々の批判です。こうした小説に関する不信、ないし不信をこめた批判は、日本だけではなく、小説好きのフランスでも見られ、同じように小説より歴史物、ノンフィクションものがよく読まれており、事実プルースト以後、フランスの現代小説には、これといった傑作は出ておりません。ラテン・アメリカ文学を除くと、これは世界のどこでも同じ傾向にあるといって間違いないでしょう。

ラテン・アメリカ文学にガルシア＝マルケス（一九二七〜二〇一四）やカルペンティエール（一九〇四〜八〇）やボルヘス（一八九九〜一九八六）やバルガス＝リョサ（一九三六〜）のような小説家が輩出して傑作を次々に書き、小説の可能性を拡げた個別的な理由については、いずれ論じなければなりませんが、ここでは小説のジャンルとしての困難さを眺めることで、一般的な不評とラテン・アメリカ文学の活性化の理由に同時に答えられるかもしれません。

現在の小説の不振と、小説への不信は、小説家の力量不足というよりは（私自身が小説家なので断定的発言はためらわれますが）、小説家の置かれた時代状況と、小説ジャンルが基盤に持つフィクションと物語形式の構造といった、ずっと根底の部分から生れているように思われてなりません。

まず最初に小説家が置かれた現代という時代状況を、とくに日本に限って眺めても、それはある意味ではロマン主義の批判性、孤立性、内在性を持った近代作家よりも、はるかに困難になっていると言ってもいいでしょう。

といいますのは、ロマン主義者ないし芸術至上主義に属する人々が、内部の美的現実を生の根拠としえたのは、それが外界の批判となり、そこに人間を活性化するより充実した精神が見出されたからでした。後期ロマン主義となるともう事情が変ってきます。彼らが世紀末の唯美主義の不毛のなかに入っていったのは、美的現実がもはやこうした生産的な批評力を持つことができなかったからです。

精神は内的現実に閉じこもって外見的には破滅的な生活を送るよりは、直接に外界に働きかけ、そこから生命の息吹きを汲み上げたほうが、はるかにその創造的活力を手に入れることができるというわけです。これを反ロマン主義的姿勢と呼ぶとすると、日本の戦後社会にその中心的な潮流を作ったのは『ヨーロッパの世紀末』を頂点とする吉田健一氏の仕事でした。吉田氏は、戦争によってぎりぎりの生活の底面まで追いつめられた結果、よくも悪くもロマン性を背負った近代精神の限界を越え、もう一度、渇いた者が水のうまさを知るような意味で、精神が〈生きること〉へ回帰した事実を、文学活動の土台に据えたのでした。『文学が文学でなくなる時』『思い出すままに』などの文学論はほとんど居心地のよさとしての文明と、人間が人間であることを明らかにするための文学とについて語られています。

それは精神と生活の調和の恢復を、長いロマン主義的な観念偏重のあとで、実現したと言えるかもしれません。そして吉田氏が精力的に〈生きる喜び〉について書いたのは、そこに、その所論を活かすような日本の現実も生れていたということでもあったのです。つまり高度経済成長の結果、繁栄を手に入れた社会は、精神を活性化する現実も提供したのです。しかしこうして達成された物質的地盤は、同時に資本の網目にすべて搦め取られ、ひたすら利潤の苛酷な掟に支配されることになります。しかも現在、過剰な資本は、単に物質的生活の全体系を支配するだけでは、その過剰なエネルギーを吸収できなくなりました。単に物質レヴェルの消費を促進しても、それはすでに限界点に達しています。こうして資本は、物質レヴェルを無限に越え出た精神のレヴェルに、さまざまな文化産業の形で（情報サービスに付帯する厖大なソフト需要の潜在的市場も含めて）進出することになったのです。〈生きる喜び〉は単純にその時代の状況に対応した生き方だと言っていられなくなったのです。

その意味では、現在は、産業化が精神領域に拡げられた時代です。もちろんその結果、問題はいっそう深刻、複雑になりました。かつて精神は物質に対立し、その活動領域では自由に振舞うことができました。金銭と疎外の支配する社会に精神が働きかけることができないとき、内面に価値的な現実を仮構してそこで生産的な活動を行うことができました。しかし精神の領域に文化産業の形で利潤の支配が進むとすると、最大の危機は、本来無償である精神活動がその無償性を失うということです。たとえばどんな見事なバレリーナが舞台で踊っても、それは当然一定契約の報酬は支払われています。その美的価値、またそれを実現する神技は、資本の網目に搦め取られていますその意味では、精神は資本の出現以来、自由な無償性を次第に奪われていたといえるかもしれません。しかし他方、いかに入場料を支払ってバレエを見たとしても、その美的価値を成立させ、美を生産しているのは、半分は観客の鑑賞能力です。すくなくともこれは金銭の支配を受けていません。むしろ資本はかかる領域で自己存在するために、そのような美の鑑賞能力の存在を必要としているのです。もしそうした鑑賞力を持つ人がいなければ、いかに資本が望んでも、それを支配することはできません。

したがってここでは、衣食住が支配される絶対的な形ではなくて、相互的な形態の支配だといっていいわけです。にもかかわらず精神領域における資本の支配は厄介な複雑な問題を惹き起しています。たしかに現代は精神が〈生きる喜び〉をようやく手に入れた時代ですが、同時に〈生〉の実感は、精神に介入する資本のために二重にも三重にも遠ざけられてゆきます。テレビによって、マスメディアによって、高度な交通手段によって〈生〉の代用物は加速的に増大しますが、単純に地面に触れること、労働で汗を流すことというレヴェルでの〈生〉との接触は、ますます遠ざけられてゆきます。この二重、三重の間接化は、資本の支配が精神に及んだ結果です。資本は、この領域に自己延命の可能性を見出したのです。それは当然、四重、五重の間接化となって現われてくるでしょう。

たとえば前に見たようなバレエの美的鑑賞力はたしかに私たちの主体的な働きでした。しかしそれは今では文化産業の企画する講座やソフトによって形成される受動的能力になります。こうして作られた鑑賞力を持つ人は、当然、バレエの公演を見ることを望み、テレビその他はそれを消費させるように働きかけます。それは広告が消費欲求を起させ、購買衝動に駆り立てようとするのと同じです。

以前には、主体が自分の生活全体を見渡し配慮して、そこで最も人間らしい快適な生活状態が可能であるように計画をたて、それによって目的と手段の系列が形成されたのです。もちろん偶然的な生のプロセスのなかでは、突発的な出来事は、自他双方の動機から惹き起されましたが、それは全体を見渡す主体によって、遅かれ早かれ、もとの軌道へと修正されるものでした。

つまり主体は生全体の上に櫓のように突出していて、そこから全体を塩梅することが健康で生産的な生活態度であったのです。

しかしながら資本（と、その結果実現された高度技術化した生産手段）の過剰な支配は、こうした主体を完全に物質と情報の洪水のなかに埋没させてしまいました。現在、生全体を見渡し、自由な価値判断によって生活を作り上げうるためには、よほどの好条件を備えていなければなりません。ふつうに生活していれば、主体の欲求の端々まで資本の支配する網目に搦め取られるほかないからです。高尚な精神的欲求でさえ資本の支配部分と主体的部分とを判別することは容易ではありません。

このような社会状況のなかでは、小説家はかつてのようにもはやロマン主義者の後裔として破滅的な生活に突進する必然性も必要もなくなりました。ロマン主義者、唯美主義者が内的現実として抱えていた美の衝動は、現在では、文化産業の重要な資源でさえあるのです。資本は、こういう形で破滅者もスキャンダルも、自己延命の資源として取り込んでゆきます。人々が内心に秘めておく感情も、人生の悲劇も、死も、すべて資本の延命手段として商品化されます。現代では、私的領域、内的領域まで資本支配が滲透した結果、真の意味のプライヴァシーというものは存在し得なくなりました。

このような時代状況は、小説家に二重の意味で困難を押しつけることになります。一つは資本の一元的な商品化メカニズムのために、人間が主体的に持っていた価値秩序が破壊されて、価値の多様化、相対化が現われたことです。小説は何らかの意味で価値の主張を根底に持ちます。小説が栄えたのも、ロマン主義的な価値批判・価値主張を含んだ近代精神が成立したからです。ところが、その価値主張の立つ基盤が、多様化相対化の波により崩れ去っていったのです。

小説家が小説世界を支えていられるのは、自らの信じる価値体系が時代のそれを批判し、それに生産的に働きかけていると実感できるときです。その根底がこのような形で次第に失われてゆきますから、いわば足を踏んばるときに、その踏んばる地面がないのと同じ結果になります。

もう一つの困難は情報の過剰な生産のために、小説家が必要とする全体的鳥瞰がますます得られなくなったということです。すでにバルザック、ディケンズの時代にも、小説家が社会全体を鳥瞰できるほど、それは単純なものではなかったでしょう。しかし直観的想像力によってそれを象徴的に把握したという確信があったからこそ、小説という形でそれを表現することができたのです。

小説家が小説を書くためには、価値の主張とともに、〈全体〉の直覚的な把握を確信する必要があるのです。ところがこの〈全体〉が崩壊してゆきます。あえて小説家は内面の努力でそれを支えようとしますが、彼が摑んだ社会の内実が全体に対する〈部分〉であるという実感から免れることはできません。全体把握を確信できる場合と部分把握という自覚を担わざるを得ない場合とでは、小説家が作品の中で持ちうる緊張が違います。といいますのは、全体把握の場合の〈全体〉は、小説家の意識に、ある枠のようなものを与えます。つまり「これを超えるものは存在しない」という限界の果てまで取り込んだ確信です。あるいはこの枠を容器に喩えてもいいでしょう。小説家は書く行為によってこの容器を満たしてゆくことができます。容器が一杯になったとき、小説家は全体把握したところのその〈全体〉を十分に書き切ったという実感を持つでしょう。それは時代の象徴的全体を書いたという意識でもあるのです。また容器があるから、そこに過剰に内容を詰めこんで強烈な緊張や爆発を作ることができるでしょう。

しかしこの枠がない場合、つまり容器がない場合、いくら物を投入しても、それは一杯になる道理はありません。そこでは物は無限に拡散していってしまうのです。小説家は部分把握という意識に苛まれながら、辛うじて消極的な枠を仮《プロヴィゾワール》に作り、その中を〈書く行為〉によって満たすということになります。

後の場合、そこにかけた小説家の力は、前に較べるとはるかに弱くなります。ということは、こうした意識で書かれた小説は、充溢するエネルギーに不足するということです。小説は叙情的に小味になるか、知的に繊細化するか、グロテスクに部分露出を強調するか、さまざまな形をとりますが、読者の心を捉えてロマネスクな昂揚を味わわせるという小説本来の強烈な攫搏力《フォルス・ダンポルテ》は失われざるを得ないのです。

このように小説家は価値の相対化と全体把握の不能という二重の困難を強いられていますが、さらにそれと対応するように小説のジャンルとしての困難さが加わります。

それを明らかにするために、小説そのものについてすこし眺めてみましょう。

一般に小説はフィクションによる出来事の記述というふうに規定できますが、とくに二〇世紀になって小説のさまざまなヴァリエーションが見られるにもかかわらず、本質的に小説からこのフィクション性と物語性とを除くことはできません。物語性・

物語形式とは時間的経過の中に現われるある事象の変化を因果系列で秩序化する表現手段のことで、その出来事の情報を目撃者と同じ立場で受けとる（すなわち同じように見・聞き・感じる）ようにする伝達形式とも言えます。ですから、その情報伝達は、いわゆる〈いつ、どこで、誰が、何を、どう？〉という伝達内容の本質へ経済化《エコノミゼ》してゆく動きに対してつねに一定の実体（量体）を保つ形で抵抗しています。

たとえば一〇〇頭の羊が川を渡ったとします。情報伝達の経済化《エコノミゼ》の法則によって「一〇〇頭」の「羊」が「川を渡った」ことが伝達されれば、この伝達欲求の緊張は解除されて、伝達行為は終ります。それに対して物語形式の伝達は、羊が川を渡るのを目撃した人と同じ立場に立たせる形での伝達ですから、「最初の羊が川を渡りました。二頭目の羊が川を渡りました。三頭目と四頭目は並んで川を渡りました。五頭目は川の中程でつまずき、ようやく川を渡りました……」という具合につづいて、「一〇〇頭目の羊が川を渡りました」となって、ようやく伝達欲求の緊張が解除されることになります。

では、なぜ伝達経済化《エコノミゼ》の法則に反するような廻りくどい伝達方法が〈物語形式〉として残ったのでしょうか。この際、それが伝達経済化《エコノミゼ》の法則に支配されるような伝達性格、伝達内容であるなら、当然〈物語形式〉とはならなかっただろうということだけは分ります。したがって〈物語〉の形で伝えられるのは、そうした伝達性格、伝達内容とは異なるものだということになります。それは一体何でしょうか。「羊」と「一〇〇頭」と「川を渡る」に経済化《エコノミゼ》されないとすると、それは「最初の羊が川を渡りました……」と語られる一定量の実体に伝達の意味があるに違いありません。

この〈一定量の実体〉の本質について磯谷孝氏が松谷みよ子氏の『現代民話考』中の民話を援用して明確に指摘しておられますので、とりあえずその民話を見てみましょう。

> 信州上田といえば昔から烏の名所でそこらじゅうにいたもんだ。それがこの前の太平洋戦争の終りの頃にはさっぱりいなくなった。町の人がふしぎに思って「烏はどこへ行っちまったずら」というと、ひとりの婆さまが「南方で兵隊さんがたくさん戦死しなさったもんな。烏は南方へお弔いに行っただよ」そういったと。

磯谷氏は次のように指摘しています。

右にあげた例は「生の言葉」から物語的形象化が実現する一つの過程が鮮やかに示されているように思われる。たとえ、事実としてはあり得ないことであるにもかかわらず、そこに私たちはこの事実のレベルをはるかに越えた大きなものを如実に感じないではいられない。なぜかといえば、形象そのものはさして取るに足らないものであっても、生の言葉のなかから生み出されているという重みと直接さがそこにあるからであろう。民衆は本当にそれを信じているかもしれない。だが、信じない人々も、カラスのカの字も見当らなくなったが、それはあたかも海を越えて、おとむらいに行ったかのようであった、とか、シベリアへ葬式に行ったかのようであった、という感じをもつことは可能であり、また、それを信じる人の心を思いやるとき、私たちは事実的な真偽のレベルを越えた大きな真実を前にしていることになるのである。物語は一つにはこうしたところに根ざしており、この「情報」の増加の一途をたどる事実的諸情報とは異なる、なにか本質的な意義を持っている。もちろんそれに対する感受性をもった人々にとって、であるが。（傍点は磯谷氏）

（磯谷孝「物語におけるヴィジョンと記憶」

『語り／文化のナラトロジー』記号学研究６）

ここでは大事なことに幾つも触れられています。まず物語という廻りくどい一定量の実体によって伝達するのは「事実的な真偽のレベルを越えた大きな真実」だという指摘です。二番目にはこの現代民話は民衆によってそれが信じられていること、つまりその表わす悲傷なり慟哭なりが価値として主張されていることです。それも「生の言葉のなかから生み出されているという重みと直接さ」という価値主張の最も生産的《プロデュクティヴ》な根拠がはっきり指摘されています。三番目にはフィクションの意味が「大きな真実」の表現と関連づけられています。

物語という〈一定量の実体〉が情報のレヴェルに経済化《エコノミゼ》できないのは、実は、その形態がそのままで伝達意味なのだということなのです。「最初の羊が川を渡りました」という意味表現は、「最初」や「羊」や「川」や「渡る」に分解し、集約してゆくのではなく、そのままの具体的な量塊として、そっくり受け入れられなければならないのです。あたかも「信州上田といえば」から「そういったと」までそっくりそのまま物語の量塊として受けとり、そこに語られたことを通して、事実伝達以上のものを受け取ったように、「最初の羊が川を渡りました」には、それが物語として成立するからには「それ以上の何か大きなもの」が表現されているはずなのです。事実そうであるからこそ、それは「最初」や「羊」やに集約できないのです。そのことが伝達対象ではないからです。

もうすこし具体的な例を挙げて説明してみましょう。イタリアの彫刻家ルーチオ・ポッツィが一九七四年に明暗の極端に対照化されたコントを見開き頁の左右両方に刷った「五つのものがたり」（ライオとジョウ・ワタナベ訳）として展覧会に並べました。もちろんテクストの形ですが、ここには「物語」という量塊を借りて「それ以上の何か大きなもの」を表わそうとする意図が容易に見てとれます。

金持ちの男がパーティから館に戻ってきて　自分の寝室に見知らぬ男と女がいるのを見つけた。

彼らは機関銃を彼の胸にむけて　どういう具合に死にたいかはお前次第だといった。彼はお金をやって　なんとか命だけは助かろうとしたが　彼らは　股ぐらに弾を撃ちこまれるか　シャンデリアからぶらさがるか　どちらかだと言いはった。

彼は弾丸をえらび　そして撃たれた。

＊

モデルが絵描きと恋におちた。

二ヵ月半ものあいだ　たべたりねむったりのひまも惜しんで　彼らは愛しあった。ある朝　重要人物が絵描きを訪ねて来て　作品をそっくり買い　ある有名な美術館で展覧会をした。

それから　また　この人物は　その所有しているファッション雑誌の表紙に　モデルをつかった。

絵描きとモデルは　スペインに城を買った。彼らは百姓になり　ひまなときは本を読んだり　こまっているひとたちを　たすけた。

（第一コント）

ちょうど真夜なかに　男と女は警察に逮捕された。彼らは　離れた場所までトラックで運ばれたが　そのあいだ　四人の男たちにコン棒とくさりとかな棒で　さんざんに打ちのめされた。
そして四十人の政治犯がねむっている監獄のひと部屋にほうりこまれた。
男と女は　革命派のゲリラとまちがえられたのだった。
夜明けのすぐあと　マトをはずれた　ゲリラの砲弾が　監獄に落ちて爆発した。
男は即死し　女はめくらになった。

＊

その女のこは　マレーシアで育った。
まだ見知らぬ母親をたずねて　カナダへ旅立った。
母親は　モントリオールでも　トロントでも行方がわからなかった。
どうしようもない失望のはてに　女のこはヴァンクーヴァのあるバーのテーブルに　母親のなまえとところがきが　刻まれているのをみつけた。
女のこは国境を越え　ながい旅路のすえ　アルバカーキで母親をみつけた。
母親は　女のこをうけいれ　深い慈愛をそそいだ。

（第二コント）

建設業者になった青年は　万事うまくいく人生をたのしんでいた。
彼は結婚して子供が三人でき　おおきな家を買い　自動車を三台もった。
彼が　巨大な橋を完成させた日　彼自身の家は火事になり焼け落ちた。
次の日　巨大な橋は　スクールバスの重みで陥落した。三十人の子供が死んだ。
一週間のちに　彼の自動車のうち二台がおこした事故で妻と子供が　不具になった。
おなじ週に　青年は　白血病にかかっていることを知らされた。

＊

六つになる男のこが　家を出て荒地に遊びにいった。
村のひとたちは　何百年ものあいだ　ほとんど水なしで生きてきた。
そのために　みんな貧しく病みがちで希望もなかった。
男のこが荒地に穴を掘ると　泉が湧きだし　たちまちのうちに　あたりいったいは緑になり村はゆたかになった。

（第三コント）

第四コント、第五コントは時間の都合で省略いたしますが、ここで表現されているのは個々の事実的情報でないことは明らかです。前の鳥の民話以上に、ここで語られている内容がフィクションであることも容易に理解できます。むしろ情報伝達のレヴェルでの内容をフィクションという形で抜きとることによって、ここに、物語という量塊（小さな量塊ですが、とにかく一定量を持った実体）を作り出しているのです。

さらにここには「生の言葉のなかから生み出されているという重みと直接さ」はないかもしれませんが、物語を通して「事実的諸情報とは異なる、なにか本質的な意義を持っている」ものを作者が伝えようとしていることは事実なのです。物語の内容は概念化され一般具体化されていすぎるかもしれません。しかし作者は前のコントで不幸（暗さ、絶望感、恐れ）というマイナス価値観を、後のコントでは幸福（明るさ、希望、喜び）といったプラス価値観を読者に喚び起そうとしているのです。むしろそこに起るマイナスからプラスへの転換の感覚のなかで、喪失し麻痺した生命の実感を恢復させようと意図しているのかもしれません。

その意味では、これらの寓話の対照表は「生の重みと直接さ」はないかもしれませんが、作者が現代にむかってある「大事なもの」を主張し、具現化しようと努めていることは認めてもいいでしょう。

ただこの場合、繰り返し留意すべきは、物語内容を構成する個々の出来事は、伝達（しようと作者が思っている）対象ではないという点です。個々の事柄が伝達対象ではなく、それを省略せずトータルに積分して量塊化するのは、物語というその全体を通して「対象をこえた大きなもの」を伝達しようとするからです。

鳥の民話の場合のようにそれが生に根ざす「悲哀」「痛恨」という「重さ」と「直接さ」を持っていないとしても、『五つのものがたり』で作者ポッツィはある伝達のメッセージを熱く持っていたのは事実です。それは価値の主張といってもいい態度でしょう。

ここでいう伝達の熱いメッセージ、鳥の場合の「悲哀」「痛恨の思い」といったものは、それ自体では形をとらぬ情緒であり観念です。この「情緒＝観念」をここで「事実的な真偽のレベルを越えた大きな真実」と言ってもいいと思います。

物語が構成要素の一つ一つを省略したり経済化《エコノミゼ》したりしないのは、この「情緒＝観念」を盛る容器としてその要素の個々を存続させる必要があったからです。要素の個々は、それ自体の情報価値ではなくて、むしろその意味が支える形体（量塊）全体として、それを越える「情緒＝観念」を伝達しているのです。「最初の羊が川を渡りました」は、この情報のレヴェルでは何も伝達しようと意図しているのではありません。ここでの「羊が川を渡った」という認知内容は、そうした形体の塊として、大理石塊のように、そこにごろりと横になっているのです。ですから、物語の中で、「最初の羊は川を渡りました。本当にそうなんです。最初の羊は川を渡りました。疑っていらっしゃるんですか。最初の羊は川を渡りました」と書かれていると、この「最初の羊は川を渡る」という量塊は三度そこに横たわり、それは経済化《エコノミゼ》の法則によって代名詞にしたり、省略したりすることはできないのです。三度繰り返されるこの量塊の接触感が生れたとすると、まさにその感触こそが、伝達の対象になっているのです。

繰り返して言うと、物語は、物語構成要素を超えていて、その構成要素の一つ一つ（「最初」「羊」「川」「渡る」）を加算していっても、決してその伝達内容に達することはできません。それは全体が構成され、想像力によって生きられることによって、はじめて現前するものなのです。

逆の言い方をしますと、私たちが強烈な「情緒＝観念」に満たされ、それを伝達しようと緊張するとき、そのエネルギーを汲みあげて緊張を緩和し解消に導いてゆくのが、この物語という伝達形式である、ということになります。

そこでは言葉の指示する認知（明示）内容（「最初」「羊」「川」「渡る」）は、ある伝達対象（事実的情報）と結びついているのではなく、それとは独自に、意味の領域を照明するあかりのように存在しているのです。それが意味の明示作用である以上、現実に関連する存在と、直示《デノタシオン》としても含示《コノタシオン》としても結びついている（たとえば「羊」は現実の羊を指している）ことは事実ですが、しかし物語の枠の中に入れられると、それは「羊」という明示的な自閉領域になるのです。ちょうど「ペガサス」という言葉が現実に存在する対応物を持たないのに明示的領域を持つのと似ています。

さきに小説はフィクションと物語を根底に持っていると申しましたが、厳密に言いますと物語構造はもともとこのような形で直接的には事実的情報とは手を切っているのです。もしそうでなかったら、既述の理由で情報伝達の経済化《エコノミゼ》作用を受けることになるからです。

したがって物語形式を必要とする場合、すでにその個々の構成要素は物語的全体としてその中心に向って凝集していて、現実との対応関係は切断されているということになります。

ただあえて小説におけるフィクション性を強調したのは、事実的伝達でありながら、ある特定の目的のために〈物語形式〉で語る場合があるからです。たとえば体験記とか冒険談、ノンフィクションといったものがそれに当りますが、小説は、「情緒＝観念」の伝達のために、あえてそれを切りすててフィクションを選ぶことになります。ですから小説における物語性は二重の意味で仮構的性格に裏打ちされているといっていいわけです。

一般に小説家は自ら経験した事柄を作品に用いると考えられています。しかしながら、それは言葉による明示領域を支える何らかの役割は果しますが、直接的に「経験が語られる」という形では小説の中に入ってこないのです。私小説などで外見的にそう見える場合でも、それが文学的衝迫力を持つためには、「経験」はイマージュへと高められていなければなりません。「イマージュとなった経験」は現実対応性よりは、はるかにその表現力、「情緒＝観念」の伝達力のほうに強くアクセントが置かれているのです。

　こういうわけで、小説家が小説を書こうという衝迫を感じるのは、ある情況の中で、強烈な「情緒＝観念」に満たされた場合です。それをその情況の事実的情報伝達のレヴェルで処理することもありますが、多くの場合、それは、そのようなものでは処理もできず、表現もできないといった全体的な一挙啓示《レヴェラシオン》の形をとるものです。

　それが小説家の表現衝動と結びつくのは、多くの場合、この一挙啓示《レヴェラシオン》が、その小説家の問題的情況の解決として閃いたときです。小説家は、その啓示的直覚内容を全体的な形のままに表現していきます。その時に選ばれるのが全体を全体のままに伝達することのできる小説形式であるわけです。

　おそらく叙事的な精神状況を生きることのできる小説家は、歴史的時代的全体の景観を鳥瞰するという形で、こうした「情緒＝観念」を一挙に啓示されるはずです。たとえばトルストイがヤスナヤ・ポリャーナの近くの村の駅で鉄道自殺した若い女の事件から『アンナ・カレーニナ』を構想し、アントワーヌ・ベルテ事件の公判記録がスタンダールに『赤と黒』を書かせたように、です。

　しかしながら現代の小説家にとって、前述のように、この〈全体〉の鳥瞰が質的に不可能になっています。そしてそれは小説家を部分把握という半ば焦燥に駆られた、半ば諦念と妥協した気持に誘いこむのです。全体を一挙に摑み得たという「象徴」経験が、作品の枠を作るとすれば、そして全体的伝達方法として用いられるのが物語形式であるとすれば、部分把握の自覚は、主体的にも、表現形式の上からも、小説家にある充足できない手ごたえのなさを感じさせることになります。そこから小説家は、手ごたえのある形式を模索します。小説の形態がオーソドックスな物語形式を失い、さまざまなヴァリエーションとなって生まれるのは、このためなのです。

現代ノンフィクションが作家に力強い手ごたえを感じさせるのは、対象が明確に区切られているからです。もちろんそれをカヴァする資料なり状況なりは無限ですが、にもかかわらずそこに対象的〈全体〉が直覚されているのは事実です。この〈全体〉が作家をして執筆衝動へと駆り立て、かつ、書く行為に確かな手ごたえを与えてくれるのです。

また推理小説の流行も重要な手がかりを与えてくれます。推理小説は全体把握の不可能になった現代社会の中で、小説における唯一の〈全体〉を持つジャンルです。発端（殺人）から終末（犯人の発見）までそれは因果の系列を論理的に辿って行きます。この系列は予め作家によって全体把握されています。ここではこの全体を現前するために、それに結びついた構成要素を集めてゆくのです。現実では当然もっと拡がりを持つ事実的情報も、その因果系列に役立たない場合には、まったく存在理由を持たないのです。作家はそれを無視したことにいささかも心を乱される必要もなく、現実との分裂に苦しむこともありません。ここでは〈全体〉がすでにあり、それを物語の形で現前させればいいのです。ボルヘスが推理小説を現代における唯一の秩序を持つ文学ジャンルとして推奨するのも、この〈全体〉の存在によって可能になる力強さのためなのです。作品が強い凝集力で形づくられているとき、それだけで人は美感を味わうことができます。

　因果系列を辿って出来事を描写してゆくのが推理小説に限らず小説一般の形です。しかし殺人と犯人発見との結びつきのようには、恋愛にせよ裏切りにせよ人生万般の出来事にせよ、因果系列を強烈に組み立てることはできません。

　では、ラテン・アメリカ文学においてなぜ力強い小説が生れたのでしょうか。一つには南米諸国の歴史的現実です。彼らはスペインによって征服され、西欧化され、スペイン語で作品を書きます。この独特な土俗と文明の矛盾と混淆が異様な文化的エネルギーを生みだしていることは事実でしょう。そこには貧困と独裁が支配し、暴力と差別が横行します。しかしそのおかげで人間を内部から商品化する資本のメカニズムに抵抗し得ていることも事実です。資本のメカニズムが空転するほどにラテン・アメリカの非生産性は根深いのです。そしてそれがこの場合人間であることを保つという逆説的な役割を持っています。インディオたちは文明的物質的快適さには何ら適合しようとしないのです。カルペンティエールの『失われた足跡』は文明と原始の人間論的考察としても興味深い作品です。ニューヨークのまん中で聞く第九シンフォニーは主人公に拒絶反応のようなものを起させますが、オリノコ河の奥地で聞くと、高い星空からの啓示のように聞えるのです。

また南米の伝統的な語りの存在も物語形式を積極的に力強い表現とする原動力となっていると思われます。ガルシア・マルケスの『百年の孤独』に現われた誇張と典型化象徴化の力強さは、はっきりこうした語りの伝統を感じさせます。

こう考えてきますと、力強い小説（それは面白い小説とも、昂揚感を与える小説とも攫搏力《フォルス・ダンポルテ》のある小説とも時代の鏡である小説ともいえるわけですが）を書くためには、小説家の側に全体を鳥瞰（直覚）する視点と、確信できる価値の根拠が必要ですし、また小説形式については「情緒＝観念」の伝達という、事実的情報伝達を超えたレヴェルの確認が絶対的な条件になるでしょう。

果して現代の高度化された資本のメカニズムの中で、小説家と小説がどこまで生命ある主体として生きることができるか、それはまったく予断は許されませんが、すくなくともこうした見取り図を作っておくことは小説家にとっても小説の読者にとっても重要なことだとは言えるように思います。

（一九八七年一一月二一日　日本点字図書館「感謝のつどい」）

なぜ歴史を題材にするのか

『春の戴冠』をめぐって

北国的なものと南への憧れ

たまたま、私がイタリアに取材した作品を書いたということで、日伊協会の方からこういう良い機会を与えて頂きました。今日は、自分の作品についてお話するというより、おそらくイタリアについての話の方に重点がおかれると思います。

私は、パリで小説を書きはじめたという事情もありまして、材料としてヨーロッパのものを使うことが多いわけですが、とくに、この前の『背教者ユリアヌス』の時は、地域的にはヨーロッパ全体をあちこち歩きまして、調べもしたし、いろいろと考えもしたわけです。こんどの『春の戴冠』は逆にイタリアという、しかもイタリアの中のフィレンツェという閉ざされた空間だけで、その中のいろいろなものを写し出そうというような意図でした。

イタリアと私の結びつきの最初はどういうことであるかというと、昔の旧制高等学校の生徒は誰でも読むわけですが（私は大学の時フランス語を専攻しましたが、高等学校の時は、第一外国語はドイツ語でした）、私もゲーテの『イタリア紀行』やブルクハルトの『イタリアにおける文芸復興期の文化』を読んだのです。一般に、北国の非常に暗い風土の中に閉ざされている瞑想的、道徳的、倫理的世界に住む人にとって——ゲーテなどはとくにそうですが——官能的な、地中海的なものに、ある時期、自分の世界を形成する契機としてひかれてゆくことがしばしばあるのです。私の中にも、確かにそれと似た形でイタリアというものが存在していたのではないか。と申しますのは、私が信州の高等学校を選んだこと自体が、北国的なものにひかれていた証拠だと思えるからです。信州の冬をご存知の方はおわかりになると思いますが、たとえば、松本の冬などはメタフィジックな雰囲気がつよく感じられるのです。とくに当時は、現在よりももっと素朴な町であったことを考えに入れていただきたいと思います。現在でも、地形的にはメタフィジックな、地上を越えた永遠的な物事の本質が横たわっている感じのする、日本でも珍しい風土といえましょう。ですから、こういった北国的な詩情、思弁的、瞑想的な雰囲気にひかれていったし、そういうものにつよく影響を受けるようになったのも当然です。しかし、その中でも、やはり時たま南国的なものへの憧れが、つよく心の中に起ってきます。私の中には、母親が鹿児島の出身なものですから、半分がそういう南の青い海とか、明るい光とか、あるいは冒険的なものに、たしかにひかれる要素があると思うのです。官能的なもの、美的なもの、とくにエステティックな領域——いかに生くべきかという領域ではなくて、美へ、官能をすべて開いて融け込んでいくという歓びへの欲求の働く領域——が非常につよくあったと思います。ですから、私の初期の長篇『廻廊にて』にも、『夏の砦』にも同じように北国的なもの、場所的には北欧、ドイツ、あるいはロシアというものが出てまいりますが、それにもかかわらず、その底には南へ憧れていくという要素が非常につよく働いていたように思います。

その頃からしばしばメンデルスゾーンの交響曲『イタリア』を聴いてこの南の国を想像していましたし、それから、実際にはじめて、一九五八年の夏にニースから国境を越えてイタリアに行きました時の印象は、まったくメンデルスゾーンの弾むような輝くようなリズムと同じだ、と感動したことがあります。そんなわけで、南への憧れが自分の中で、倫理的な、北国的なものを欲求しながらも同時に動いていたといってよろしいかと思います。

私が信州におりました時に、非常につよく影響を受けた作家に、トーマス・マンがおります。この作家については北杜夫君も——高等学校の同級生ですが——非常にしばしば書いております。そして私もトーマス・マンの中の、北君がトーマス・マンの中の叙事的なもの、フモリスティッシュ〔humoristisch：独〕なもの、滑稽とか皮肉とか笑い、諧謔《かいぎゃく》に影響を受けたとしますと、私はむしろ彼の抒情性とか、戯曲性、立体的な構成力に影響を受けていると思います。そのトーマス・マンが、『ブッデンブローク家の人びと』という作品を書いたときに、やはりローマやフィレンツェに行っております。そしてそのフィレンツェに行って——私は自分の作品の中ではフィレンツェという名を使わずに、フィオレンツァという古い名を使っていますが——マンもまたそのフィオレンツァという名の女性を主人公とした、たった一つの戯曲作品を書いているのです。これは、こんどの『春の戴冠』を書く上で、直接には学びとることはなかったのですが、しかし、そこにはロレンツォとサヴォナローラの対立、倫理的なものと美的なものとの対立というトーマス・マンの若い頃の主題が強く出ておりますから、まったく影響なしとはいえません。若い頃の読書体験が地下水のように作用することも可能と思いますので、それを、私は一つ重要な要素に数えたいと思います。

ボッティチェルリとの出会い

そんなわけで、フランスに出かける前には、イタリア・ルネサンスとか、フィレンツェとかいうイメージはそれほどはっきりしていなかったようです。私の場合は、パリで多くの初期の作品がはじまっていますが、実は、この作品もパリにおいて着想されていたのでした。もう二十年ぐらい昔の話ですけれども、非常にしばしばルーヴル美術館に通いました。そのルーヴルの中で、私がその当時いちばん感動していたのは、ギリシアのパルテノン神殿のフリーズとボッティチェルリ（一四四四／四五〜一五一〇）の壁画――ロレンツォ・トルナブオーニとジョヴァンナ・デリ・アルビッツィの祝婚のための壁画といわれた作品――でした。『春の戴冠』の中にもちょっと出てまいりますが、この壁画が非常に良く私の心に理解できたのです。そして私が、この〈あるものが理解できる〉と自分にいう時には、あたかもその当の作家、音楽家、彫刻家、画家と同じような気持になって作品を創ってゆけるという気になる場合に限って――これは非常に傲慢な言い方ですが――そんなふうに言うことにしているのです。もちろん、それが本当にできるためには、音楽家なら音楽家、画家なら画家のテクニックをマスターするという客観的な技術の問題もありますけれど、そういうことを一応括弧に入れ、理解の仕方のレヴェルでいうと、その芸術家がそのつぎにどういう作品を創るかということまで解るような形で、それを理解するということなのです。私は、パルテノンのフリーズとボッティチェルリの作品では、何かそれに似た形で解ったという感じがいたしました。自分の似姿を見るような感じといってもいいと思います。ともあれ、当初から、ボッティチェルリという画家が非常に大きな形で自分の中に入ってきたわけです。ところが、勤勉な人なら、ボッティチェルリがそんなに好きなら、ボッティチェルリの画集を買ったり、伝記を研究したりするわけです。しかし、私はそういうことは全然しないで、むしろそういうものが自然に身体に染みこんでくる方が大事なので、パッシヴな形でそれを受けとめておりました。ですから、ボッティチェルリを中心として南国的なもの、イタリア的なものが、漠とした形である塊りをつくっていて、私の心をそのほうに惹きつけており、それは一種の気分のようなものですから、時間がたつにつれ、薄れるどころか、いっそうつよく私をそちらへ惹きつけてゆくということになったのです。

パリにはじめて行ったのは、一九五七年の秋でした。その次の年の夏に——これはパリに行ってはじめての夏休みでしたが——最初のイタリア旅行を計画したのです。どこに行くよりも、ともかくまずイタリアというわけで、その夏、ニースの友だちの家で過してから、ポアティエの夏季セミナーに奨学金を貰って行っておりました家内とニースで落合って、イタリアに入ったのです。

この時は、所持金は数えるほどしかありませんで、パリに帰るまでの回遊切符を買って、あとにいくらか残るほどしかありませんでした。たいへん貧乏な旅行でした。もちろんユースホステルにしか泊れませんし、食事もほとんど大したものは食べられないという有様でした。それでも心の中はもう幸福感に満たされていまして、食事とかホテルとかそういうことは全然気にもなりませんでした。それでさきほど申し上げましたように、イタリアに入りますと、本当に、咲き乱れる花も、濃い木陰も、強い日射しの色もフランスとはまったく違う。いたるところ南の国の輝きなのです。ミニヨンの歌にあるような思いが身をとらえるのです。やはりイタリアはイタリアだなあ、という感動にとらわれながら、ジェノヴァ、ピサ、ローマに行ったのです。ローマに行った時などは、コロッセオを廻っているうち、もう、夏のあまりにも暑い日ざかりで、しかもあんまり良い食事もしていませんでしたから、家内も私も頭がガンガン痛くなり日射病になりまして、噴水の中に頭を突込んで、水をジャージャーとかぶって、そのままそばの植込みの蔭に横になり、昏々《こんこん》と眠っていたことがあります。そして眼が覚めてみると、日は沈みかけており、ローマはそろそろ夕闇の中に包まれていました。フィレンツェに参りましたのもそんな状態でした。その時の感動は大変なもので、駅に着いて、駅前の花壇にカンナの花が真赤に咲いており、ここがフィレンツェだと思ったとたんに、鼻血がプッと噴き出て、手はみるみるカンナの花と同じように赤くなったわけで、血だらけになってフィレンツェにたどり着いた感じでした。ここでも丘の中腹の古いヴィラを改装した、非常に綺麗なユースホステルがありまして、そこで楽しい数日を送りました。

しかしながら、その時は、日記を見てみますと、かなり方々歩いているのですが、まだ、ボッティチェルリを書くとか、フィレンツェを舞台にして小説を書くという意識はそれほどはっきりしておりませんから、ローマやボローニャやヴェネツィアなどを眺めるのと同じく、イタリアの一般的な知識として、一般的な興味の対象としてフィレンツェを眺めておりました。小説の対象としてフィレンツェを意識して訪れるのは、もう少し後のことになります。つまりそれは、一九六八年のことで、それからすでに十年たったことになります。

『背教者ユリアヌス』から『春の戴冠』へ

この一九六八年は、私が発表した『モンマルトル日記』の中に書いた時期に相応しています。その時私は『嵯峨野明月記』の第一部を書きおえ、第二部の原稿をかかえてフランスにきたのです。これは、戦国、安土、桃山を背景とした作品で、光悦とか宗達とか角倉素庵とかという人を主人公にした、ヨーロッパとはまったく雰囲気を別にした作品なのです。それを、フランスで第二部を書こうと思って、資料などを持ってきたわけですけれども、あまり雰囲気が違うし、それにフランスでやりたいことが一杯ありまして、とても慶長時代の世界に沈んでいけないので、書き出しても、一枚、二枚書くとすぐ筆が止ってしまうという状態で、非常に苦労し、どうしてこんなに苦労するのだろうか少し原因を探ってみよう、ということで、あの日記が書かれたわけです。そのうちに徐々に自分の関心、主題が別のものに移っているのがわかってきました。あの時は五月危機がありましたし、世界中でいろいろな形で、精神的な意味でも経済的な意味でも、変動があった時期ですが、そういう問題が差し迫った形で存在し、それを何とか書いてみたいという気持が強かったので、『背教者ユリアヌス』が次第に心の中に浮び上っていったわけです。この作品は、実はボッティチェルリの場合と同じように、最初にパリに住んでおりました時に、カルティエ・ラタンをサン・ミッシェル通りに沿ってずっと下って行きますと、サン・ジェルマン大通りと交差するところがありますが、その十字路の角に〈ユリアヌスのテルム（大衆浴場）〉という名前で呼ばれている古い遺蹟があります。それを見て、亡くなられた森有正先生が、これはユリアヌスという人物がつくったものです、といって、ユリアヌスのことを、最初にパリに宮殿をつくったローマ皇帝なのだと話されたのです。こんなわけで、パリとユリアヌスは独特の結びつきがあるということが記憶の中に残っておりまして、いつかそれを書いてみたいと思っていた。そして、たまたま一九六八年に痛切に感じた世界的な文化変動のテーマを具体化するのに、このユリアヌスの材料が浮び上ってきたのです。そして、片方の作品が書けなくなっているので、この新しい主題に向ってゆくということになりました。その時日記の中に、ユリアヌスと並んですでに「偽ボッティチェルリ伝」というような仮題で、すでに『春の戴冠』の腹案が示されています。ふつう私の作品の作り方は、次のような形をとります。まず、ある大体の全体の映像が一挙に生れます。そしてその映像は、ある閉じられた円のようなものとして、直観的形で、すでにできあがっているのです。ですから、それを眼に見える形で、よりはっきりさせるために、一つ一つそういうものに具体的な形を与えるという仕事がその次にくるのです。その段階がいわば資料集め、あるいは方々歩いて実地調査して眺めていく、そういうことが不可能な場合は、想像力によって眼の前にありありと感じてゆく、という仕事になるのです。最初の円がつかまえられると、作品の原型はできたわけですから、『春の戴冠』はすでに『ユリアヌス』の時にできていたといえます。ともかく『ユリアヌス』はこうして直観的につかまれ、今度はそれを現実化する作業がはじまるのですが、その時はすでに『嵯峨野明月記』は横に置かれ、『ユリアヌス』に没頭していました。しかしながら、六九年の春にイタリアに行った時は、フィレンツェの見方は前とは全然違うのです。どういう風に違っているかというと、『ユリアヌス』はまだ始まったばかりなのに、すでにここを舞台として、ボッティチェルリを主人公として作品を書くんだという意識が生れていて、フィレンツェの町を感覚的に、具体的に詳しく知ろうという気持があったのです。たとえば町の広さを自分の足で測っておく。広場の長さを何メートルといわずに、何歩であるかという風に測っておく。たとえば、サンタ・マリア・デル・フィオーレとサン・ロレンツォとの間は歩いて何分ぐらいかなどと測っておく。フィレンツェの城壁の中を自由に生理的尺度として感じられるようにするということが一つの大きな目的となりました。それからもう一つは、作品に出てくるであろう個々の建物とか彫刻等が残っておりますし、なるたけそういうものを見るということ、記憶すること、そういうことをかなりやっていたのです。ですからその時のフィレンツェでは、滞在もちょっと長かったのですが、かなりの時間をそういうことに使っているのです。ところがその時の日記に、ある朝目覚めにみた夢を書いてあります。その夢は、これは実際『ユリアヌス』の中で使っておりますけれども、ユリアヌス帝の伯父コンスタンティヌス大帝が、ある時大きないなごがくる夢をみて、それを刀で殺そうとすると無数のいなごになって飛び散ってしまう。それに非常な不安を感じて、コンスタンティヌスは自分の司教であるエウセビウスのところに占いをききにやると、それは大したことではないといわれるが、それが後の大殺戮、大飢饉の予告になっているという風に進んでいきます。そういう夢を私がフィレンツェでみたこと、つまり、コンスタンティヌスが夢をみたという夢を私がみ、それをノートして作品のある箇所で使ったこと、これは自分の中では二つの作品が同時進行していたことを示しているように思います。『背教者ユリアヌス』は、三年と四ヶ月かかっており、最後の四ヶ月は、『春の戴冠』を新年号から連載しはじめておりましたから、実際にも数ヶ月の間は『ユリアヌス』と一緒に併行して書かれることになったのです。『ユリアヌス』の場合は、はじめの予定は一年の連載でしたが、書きはじめて三年数ヶ月たってしまったというのは、まったく予測外のことでしたし、『春の戴冠』も同じように予想外の長さになってしまったわけです。

歴史的事実と現実

ここでちょっとイタリアのことを離れて、私の歴史小説と現代文学に対する考え方について触れておきたいと思います。私は歴史小説も現代小説も、ほとんど同じ意識で書きます。ただ、主題に対する姿勢によって、あるものは歴史小説に、また別のものは現代小説になるのです。その場合、作者の姿勢がどういう具合になると歴史小説になり、どういう具合になると現代文学になるのか、という質問をよく受けますが、たまたま現代ドイツの作家ノサックの書いたものの中に、このことを非常にはっきり言っている言葉がありますので、それをちょっと読みながら、私のことも述べてみたいと思います。ノサックはこういう風に言っております。「作家は、純粋に歴史的事実に対して冷淡ですけれども、その事実が現代の状況の比喩と認識になりうる時、耳をそばだてます。」作家は純粋な歴史的事実、ただそれが歴史的事実を示すときは、それほど興味を示さず冷淡ですが、現実の状況の比喩である場合、いわば現実の認識をそこにあてはめて、より現実を典型的に把握できる場合、その歴史的事実に興味を示す。これは前に申し上げた一九六八年という時点で、大学紛争などがありましたが、世界中が揺れ動き、パリでも例の五月危機がありましたし、大変な荒れようであったわけですが、そういうことをみておりますと、その激動の時代を全部書く、パリも、アメリカも、日本もそういう全体をひっくるめて、しかもあるイデオロギーが非常な勢いで変っていくということを小説で書くのは、なかなか難かしい。一つにはまだ未来がどうなるかというはっきりした結論が出ていないため、もう一つは同時代の風俗性、事実性にとらわれるため、本質を描きながらそれにリアリティを与えることは不可能なことも多いのです。歴史小説はこうした困難をある程度まで解決してくれます。

たとえば、古代末期にあって古代の信仰が終焉に向いつつあり、キリスト教が生れてきて、やがて古代世界から中世世界へ向ってのイデオロギーとして成熟をはじめるそういう時点、それはやはり文明史の上で一つの大きな曲り角であったわけです。もうすでに未来に向ってキリスト教というイデオロギーが進みはじめているのに、しかしキリスト教はいまだこれから洗錬されていかなければならない多くの問題を孕《はら》んでいるために、本当の完成された表現様式、精神形式としては十分な形をとっていない、だからそういう不十分な点と比較すれば、はるかに古代世界のイデオロギーを表現したところの異教的信仰の方が高い。たとえば、ホメロスからはじまって、さまざまの神々を讃える頌歌《しょうか》にしても、詩にしても、散文にしても非常に立派なものが出来ている。形式という点では、古代的なものの方がより完全であって、未来に向っているキリスト教の方が不完全であると言えます。しかしながら、現実に対する衝撃力では、はるかにこの新興の宗教の方が強い。そこで、その新しいものが勢力を拡げるという至上命令のためのいわば必要悪によって、その悪しき側面を露呈しているような場合、すでに時代が変っていることを意識しているにもかかわらず、新しいものの野蛮性に反発して、古い時代に惹かれざるをえない人物がいたに違いない。そして現在のわれわれもひょっとしたらそういうところにいるのではないか？　もうすでに新しい未来が開けているにもかかわらず、案外、古いしかし完成された形にひかれ、未来と過去のあいだで引きさかれているのではないか？　世界史が現実にこうして大きく変ってゆく時、それと対応するような一つの歴史的事実、それがノサックの言う状況の比喩というものであると思います。私はそれを、古代末期の世界、とくにユリアヌスという人物に象徴化されているように感じ、それを使って〈現代〉の問題を描いてみようと思ったわけです。ちょうどそれと同じようなことが、この『春の戴冠』にも出てくるのです。

現実の比喩としての歴史的事実

その次の問題点は、小説家がいろいろな材料を集めるということでしょう。私の場合ですと、一つのテーマを眼にみえる形でありありと描き出すために必要とする材料を集めていくのですけれど、ノサックはそれをこういう風に言っています。「主観的な参加によって、歴史的対象が歴史から切り離されて、つまり、主観的参加というのは作家が自分の意図でそれに参加する、それに係わりをもつということですけれど、そういうことをして歴史的事実が歴史からその部分だけ切り離されて、再び生きいきとした緊張の場に甦るということがあります。」ここで〈緊張の場〉というのが大事なことです。「実際、芸術家にとってはとうに死んでしまった老人たちも死者でなく、現代人、同時代人なので、この参加は非歴史的なことです。学者の場合には、知識そのものが彼の研究の手段ともなり、推進すべき目標のテーマともなり、素材でもあるのですが、作家の場合それとまったく違います。精密な専門的知識であっても、もしそれが書物のシチュエーションに合っていなければ、作品の中では不快な夾雑物《きょうざつぶつ》にすぎないのです。」この〈書物のシチュエーション〉は、いま言った、ある全体を現実化しようとしていく時の内的要求と呼んでもいいものです。ですから、ある書物のシチュエーション、つまり〈主題の要求する場〉の中にその知識を切り取っていかねばならない。そういうシチュエーションの中に、緊張の場の中に、相応しいものを切り取ってゆくということが小説家にとって重要な仕事になります。

最後にノサックは言います。「作家が小説なり芝居なりを書く時、いわば彼の全知識を背後に打ち捨ててしまわなければなりません。蓄積された知識は彼にとって自明の背景以外何物でもなく、彼はそこから出て緊張の場へ入っていかなければならないのです。書物の生きたシチュエーションがそれを要求する時のみ、はじめて彼は実人生と同じように、自分の知識の蓄えの中からしかるべき色彩を取出すことになるのです。」ですから、小説家が調べたり、見て廻ったりしたことを克明にノートして、そのまま使うとしたら、やはり作品として生きてこない。あくまで現実の象徴として、比喩として使うこと。たくさんの知識をうしろに一度捨ててしまって、十五世紀のフィレンツェが、あたかも自分でそれを生きてしまったように錯覚されるまでに自分の中に消化されること。そんな具合にならないといけない。ですから、これはいわゆる知識として、何年何月にだれそれが何をしたという知識ではだめなのです。小説の雰囲気を描くのに役立ったのは、当時この町の薬種商をしていたランドゥッチという人物の日記です。この人は、ルネサンスの人らしく克明な日記をつけ、これがちょうど私の書いたフィレンツェの時代といわば同時期なのです。ですからそれを使うことによって、生きいきした気分をつくることができた。たとえばあの作品の中にはいろいろな奇蹟が行なわれます――不思議な少年十字軍がアルノ河の上を歩いていったとか、シエナで血の雨が降ったとか――そういうような記述があるのですが、それは全部ランドゥッチの日記に出てくるのです。彼が自分の私的な生活の中で不安だったり、おびえたり、結婚して子供をもって幸福だったり、遺産のことを心配したり、そういうことを書くのですが、そんな中にフィレンツェの公的事件が入ってきます。ですから、私の主人公もそういう風に生きております。なぜこういう人物（語り手）を選んだかということも非常に重要なことになりますが、ともかくそれは一つの緊張の場をつくること、そしていま言ったように現実の問題のいわば比喩であるところの歴史的事実をそういう形で選んだということ、それが私なりの歴史へのアプローチ、こうした歴史の切り取り方の重要な理由であるといえます。この点、ノサックの言葉はほとんど私の気持を代弁してくれているように思えます。

それから、ボッティチェルリ関係では非常にたくさんの本をみました。おそらくみられる限りの本をみたというのは言い過ぎかも知れませんが、かなりみて、パリにいた時、国立図書館もできるだけみましたが、しかし結局、私が一番最初に読んだ本に影響を受けました。それはこの間亡くなられた摩寿《ます》意善郎《いよしろう》先生の『サンドロ・ボッティチェルリ』です。これは非常に簡潔な本で、余分なことは一切書かれてありませんけれど、現代でも生きている名著だと思います。そして作品の順序とか、作品の年代決定はいろんな説がありますけれど、私は大体摩寿意先生のものに拠っています。それからこの小説中に出てくる絵画心理的な芸術作品の分析も、私の独創の部分もありますが、たとえばパノフスキーとか、その他いろいろ読んで、それを全部忘れさって、あたかも自分がそう感じたように書いていった部分も多いと思います。主人公があたかもフィチーノと話をしながら感じていったように皆さんに感じさせることが、私の一つの役割なのですから、そういういろいろな技巧を使っております。

美的なものと倫理的なもの

この作品の中で、どうしても書いておきたいと思いましたのは、美的なものと倫理的なものの葛藤でした。それは私の中でつねに引きさかれていることでありますけれど、それを何とかはっきりさせておきたかったのです。フィレンツェは興隆期に達すると、それがある時期に突然——それはロレンツォの死でもいいし、あるいはフィレンツェの染色工業の一番決め手となる、触媒になる明礬《みょうばん》が輸入されなくなったことでもいいのですが——それを要因にして一気に衰亡の道をたどることになります。その時期には、かつてフィレンツェでできた秀れた織物の輸出先だったイギリスにおいて、すでに良い製品ができるようになる。そこで新たに、まったく異教の国、キリスト教以外の国トルコに販売ルートを見出してゆく、というようなことが起ってくる。フィレンツェにおける経済危機と、その打開が当面の大問題になってくる。これが非常に日本などと似ているように思えました。しかしながら、小説を書きはじめた頃、日本はまだまだオリンピックや万博の後の高度成長の物凄く鼻息の荒い時期でした。

ですから、日本が私の小説の比喩になるならば、いつかどこかで没落しなければならないなどと思っていましたら、例の石油ショックで突如としてこんな事態になったのですから、小説は明らかに現代の比喩、もしくは予言になったと言えるかもしれません。そういう意味では、歴史は繰返すことがあります。あのような状況からサヴォナローラという人物が登場しますけれど、これはどういう形ででも現実の比喩であって欲しくない。一種の独裁と権力政治をサヴォナローラはやるわけですが、これだけは日本におこってほしくないと思うのです。ところが何だかそういう予感もしないではないような、剣呑な事態になっておりますけれど、これは皆さんと力を合せて排除していきたいと思います。

最後に、歴史的人物ではなくまったくフィクションでつくられている人物ですが、私が大変愛着をもっているのは、語り手の次女であるアンナという女性です。アンナは父親と意見が対立して、フィレンツェの美的なもの、官能的なものに対して激しくサヴォナローラ的な立場から反撥するわけですが、それはサヴォナローラよりももっと純な激しいひたむきな生き方という形で出てまいります。これは、私も非常に苦しい思いをした学園紛争などを通して感ぜられた世代の断絶というものを、こういう人物の中に少しでも投影してみたかった。新しい時代には迷いはあるけれど――学生たちの純な部分は何とか生かしたかったし、現在もある部分は生きていると思いますが――その迷いの真実とでもいうものをアンナの姿の中に描きたかった。こうした複雑な問題を何とかして書きたかったことも、この人物を作品のはじめから小さな女の子としてまつわりつかせたという理由でもありました。

（一九七七年一〇月二七日　日伊協会教養講座
「著者に聞く――最近のイタリア関係図書をめぐって」）

歴史小説を書く姿勢——歴史とフィクションの間

本来ならば、私のものなど割合よく読んでくださっている方にも「今度の話は、新しい方向から問題をとりあげた」というふうな印象を持ってお聞きいただける題目があるとよろしいのですが、さしあたって、史学会の主催ということであり、私がこのところ歴史小説を書いているということもありますので、かつて色々な所で書いたり話したりしたものを要約して、言わばその本質的な部分を皆さんにお話しすることで、多少何か皆さんの参考にしていただければというつもりでまいりました。私のものを克明に読んでいただいている方は、ちょっとがっかりされるむきもあるかもしれませんが、その点はどうかお許しくださいますように……。

さて、私は今まで歴史小説を書いておりますが、現代というまがり角でもあり、色色難しい問題のさし迫っている時代に生きながら小説家ならば、そういった現代の問題を具体的な形で描き出すことが非常に重要であるのに、何故わざとそれを避けて、遠い時代に題材を求めるのか。というような問いかけをされることが多いわけです。それには色々な形でお答えしてまいりましたけれど、さしあたって、皆様にはこういうふうに申し上げたいと思います。歴史小説に対する場合にも、現代的な題材をとり扱う場合にも、私が小説を書く姿勢・態度という問題ではほとんどかわりが無い。何故それでは歴史を題材にしたり、あるいは、現代を題材にしたりして対象が変わるのかといいますと、それはそこに内在している問題のありかたによってなのです。

それをはっきりさせるために、今日は、私が『背教者ユリアヌス』というローマの皇帝を主人公にして書きました作品を例にしまして、これが作られたプロセス、あるいは、その中の私自身の迷いとか、多少の苦しみとかいったものをお話ししていきたいと思います。『背教者ユリアヌス』の場合には、取扱った時代が古代末期――キリスト教が、色々な形で社会に浸透し、都市の下層住民たちが貧困・不安にかりたてられ、新しい宗教を信じるようになって、その力が無視しえなくなった時代であったわけです。御存じのように、ローマ帝国はギリシャ以来の異教の神々を信じておりましたし、それが国家の主要な信仰、言わば皇帝崇拝の一つのシンボルとしても、その崇拝形式が使われていたのです。こうした異教信仰の中では、その勢力が無視できなくなったキリスト教に、様々な弾圧が当然加えられましたが、コンスタンティヌス大帝によって三一三年に寛容令が出され、信仰の自由が許されることになった。ですから、ユリアヌス皇帝の出た四世紀という時代は、言わば一つの時代のかわりめ――古代的信仰、古代的教養が、やがて中世に花開くところのキリスト教的な教養・精神に向かって、大きく展開していくというような時代だったわけです。

たまたま、私がこの小説の主題を考えていた時代といいますのはちょうど六〇年代の終わりで、世界各国で学生紛争があった時代です。それは戦後三〇年たち、二〇世紀も後半にはいって、そろそろ二一世紀をむかえなければいけないという時代で、色々な形においてイデオロギーないし、精神文化の形態が、新しいものに向かって大きな変動を予感させるような時代であったのです。今お話をしている現在も、もちろん六〇年代の延長上にありますし、その問題は深く激しくなりこそすれいささかも解決されていないし、また逆もどりもしていないわけですけれども、六〇年代のその時点では、そうした世界的規模で起こった学生運動を始めとする政治の様々な動き、精神界の不安といったものを、私は何とかして自分のパースペクティブ——視野の中に入れて、それを理解したいという希望を持ちました。もちろん明確な意識があったわけではありませんが、こうした気持ちを持っていたために、何となく時代が新しい文明に向かっていくという特質を持った過去の時代——たとえば古代末期から新しい中世に向かっていく時代に、親密感を感じました。そこに精神史的にあるアナロジーがあるにちがいない、という漠とした気持ちがありました。現代に内在している問題を、色濃くシンボライズしてくれるような時代を描くことによって、逆に現代ではとらえがたい問題——未来というものがまだわからないために、現代では生々しく感じられていても、具体的な形として描き出せない部分——も、すでに完了したと一応仮定することにより、目に見えるようにすることができるのではないか、という想定のもとに、この時代をとりあげることになったわけです。現代をとりあげる場合にも、過去の題材を取扱う場合にも、姿勢においてはあまり変わりがないと言った意味は、以上のような関係が現在と過去との間にあるからであります。

ところで、私が勉強にまいりましたパリは、御承知のようにユリアヌスが初めてローマの駐屯地として宮殿を築いたところです。パリにはローマ時代の遺跡がたいへんに多いのです。当時元気でおられた森有正先生に、ユリアヌスのゆかりの遺跡などのことを伺ったりしたことがあって、私の潜在意識の中に、ユリアヌスという人物が何となく生き残っていました。私がパリで小説の問題を色々考えていた時に、ユリアヌスという人物が影のように私の中を通っていったということは、物を創り出すうえの様々の影響関係から考えると、見逃せない部分であろうと思われます。それ以前に私がユリアヌスについて知っていたことというと、モンテーニュの中にちょっと出てきた程度で、ユリアヌスを主題とした『神々の花』も『皇帝とガリラヤ人』も読んでいませんでした。

ここでちょっと、私が小説、あるいはもっと広く文学に対して特殊な問題意識を課されていたことに触れたいと思います。戦争が終わって、日本は色々な意味で崩壊を経験しました。私は、たまたま高等学校理科におりましたので、戦争に行くのは免れましたが、友達の中には、戦争に行くのはいやだと言いながら死んだ友達もいます。また戦災や、多くの死んだ人々も見て、人間の生き死に、あるいは運命の問題などの様々な問題を考えないわけにはいきませんでした。特に戦後、非常に荒廃した世相になり、物が食べられず、家もなく、病気になったらそれっきり死ななくてはいけない、というような状態になりますと、机に向かって文学をやっている、絵空事のような小説を書いていることは、とても耐えられない。事実、現実に生活ができない状況でもありましたが、よしんば生活ができたとしても、小説などよりもっと大切なことは、たとえば、医者になり病人を実際に治すというような実践的な仕事によって、世の中にはたらきかけることではないかと考えるようになったわけです。そうした状況の中では、小説を自分の仕事として書いていくには、周囲の事情がきびしすぎた、その非常に過酷な現実に対してどのように対処するかが、当時の私の最大の課題だったのです。ですから語学の勉強でも、その知識が客観的な力になって、話せもし、書きもでき、相手を動かせるようなものでなくてはいけないのではないかと考えましたし、また、大学の中だけでぼんやり時を過ごすということが耐えられず、実際の生活に参加しました。そして、現実を変えうる力・技術としての知識の重要性を感じていたのです。

　しかし、それは重要なことでありましたが、肝心の文学の可能性への道は、しだいに閉ざされていくことになりました。パリにまいりましたのはその頃でした。パリに行った理由の一つは、我々が考えている自由・正義・愛といった言葉は、日本で考えると、いかにも「観念」にすぎないものに見える。しかしヨーロッパ的風土の中ではぐくまれ、それを我々が継承しているとすれば、本場に行って考えたなら、それは決して単なる「観念」というものではないのではないか。もし、それが単なる「観念」ではなく、何か事実と見合うごとき充実した内容のものだったら、また「文学」にも同じことが言えるのではないか。そして、そこに突破口もみつかるのではないか——といった期待もあったわけです。

パリに行きまして、色々なことがありましたのちに、しだいにヨーロッパの姿がはっきりと現われてきました。その中で忘れがたいことの一つは、ギリシャへ行って、パルテノンの神殿を初めて見た時です。これは、もし観光客の目で見たら、単に美しい一つの遺跡で終わったでしょう。が、当時の私の目には、それが時間を超えた存在に見えました。つまり、この世のあらゆる営み、人間が発生し様々な文明を作り、歴史を築いたその活動のうえに立つ、言わば、動きを超え、永遠の領域に達している一つの実在、というふうに見えたのです。その瞬間に、私はギリシャの神殿がそこにあるということの中に、私達人間が人間であろうとすること、つまり自然放置の状態のままでなく、よりよい状態に人間を導いていくことが、人間にとって本質的なことなのだ、と思わせる根拠があるに違いないと思えてきたのです。これは、サルトルなども言うように、悲惨な状態を放置しておくことが、人間にとってスキャンダルであると考えるからこそ、それがスキャンダルなのであって、人間を悲惨・貧困から救い出し良い状態にしようと考えるのは、やはり私達の側にそう行動させる価値観が確立されているからです。そして、そういう人間観の中心にあるものが、このギリシャの神殿という形で現われた美だ、というふうに言ってよろしいかと思います。その時、私の中をたしかに美しいものが貫いていきましたし、一種の酩酊感に似た喜びが私を包みました。しかし同時にそれは、それまで私がさまよっていたこの世・この過酷な現実というものを超えられた瞬間であった、ということができると思います。パリとかギリシャとかは、私にとって単に地上のある場所というだけでなく、精神的な働きを支えてくれた、精神的風土と考えられています。

たまたま、一九六八年に七年ぶりでパリにまいりまして、その時はすでに『夏の砦』『安土往還記』という作品を書き終わっていた時ですが、一年勉強する余裕を与えられたのです。この年パリに行くまでに、実は一つの大きな旅行を経験しております。南回りでカラチからモスクワに入り、ソビエトを通り東ヨーロッパ全体、北欧をもふくめ、ひと回りしようという大旅行の計画をたてたのです。が、この時飛行機事故に遇い、モスクワに行くのにイスタンブール経由で行くことになりました。イスタンブールに着いた時、飛行機が町へ近づいて行くと、あそこはボスボラス海峡の霧の非常に深いところですから、霧のうずまいた海峡の中からイスタンブールの町が徐々に現われてくるのが見えました。つまり『ユリアヌス』の冒頭の霧の部分、あれは実際は、飛行機の上から見た実景なのです。

そのようなことがあってパリに行きました。その時『嵯峨野明月記』という戦国時代を扱った作品の後半部分を書きあぐんでいて、パリで書くつもりで、原稿を持ってきておりました。ところが、外国に慣れ始めてきますと、日本語がおっくうになってきます。結局、二重の意味で、小説を書くのが負担になってまいりました。たまたま、その時創刊になった『海』という雑誌の編集長から、創刊号に連載小説を載せて欲しいと言ってきました。一方で『嵯峨野明月記』が書けなくなっているのに、新しい雑誌に新しい小説を書くのはどうか……と思いながら、漠然とその返事をためらっていたのですが人生には偶然があると思うのです。ある日、オペラ座にタンホイザーの前売券を買いに行った帰り、普通は行かない通りを曲がると、ある本屋の店先に、これもあまりないことですが、棚ざらいといった感じで古本が並べてありました。その展示台の一番さきのところに、ジュゼッペ・リッチオッティの『背教者ユリアヌス』という本が、ぽんと一冊置いてあったのです。一方で、古代末期の問題が自分の中にうずまいている。そして以前の、パリのユリアヌスの遺跡のイメージがある。そしてまた『海』から作品を依頼されてもおり、そこに確かに頼りになりそうな資料があったのです。私は、これを運命的な出会いと感じ、すぐにそれを買い、ほとんど内容も見ずに、『海』の編集長に宛てて作品をお引き受けするという手紙を書いたのです。非常に大胆不敵という感じでしたが、それからが大変でした。この本はかなり通俗本で、細部が漠然とした情景しか書いていない。小説というのは、細部のおもしろさ、言わば細部のしくみ・工夫のおもしろさに魅力の大部分がかかっている。このような本ではどうにもならないので、私は国立図書館に行って、一生懸命にユリアヌス関係の本をあさることになりました。そこに、ギリシャ・ローマに関する人名の出ている辞典——固有名詞がただ並んでいる妙な辞典のようなものがありました。これは、歴史家にとってはナンセンスなものだと思いますが、小説家にとっては、精密な学問の知識を展開したものよりは、このような多少子供っぽく、単純なものが役立つという場合が非常に多いのです。さらに、ユリアヌス時代の一番の主題は、古代における異教とキリスト教の対立だったのですが、これは哲学的にも厖大なものだし、神学論争というのは非常にきびしいものがありましたし、こういうものの研究に打ち込んだら一〇年、二〇年あっても足りない。いかにしてこれをダイナミックに、しかも小説の中の〈作用〉として、〈効果〉として作り上げていくかが大問題だったのです。たまたま、家内が古代末期・ビザンティン美術の専門家でありましたので、アドバイスを受けまして、特に古代末期の異教とキリスト教の関係では、『四世紀における異教とキリスト教の闘争』という小説の要求にぴったりの本を、ロンドンで仕事の帰りにみつけてきてくれました。その中に願ってもないような論文があって、当時この主題の困難に圧倒されていた私に、一つの可能な道をみつけてくれました。このような経緯をとりながら、小説が少しずつでき上がっていったのです。

小説を書く場合に重要なことは、作品が作者の想像力から生み出されるということです。ここに歴史小説を書く姿勢というものがあり、フィクションと歴史の違いということがあるのです。これに直接ふれる問題として、史料をどういうふうに扱っていくか、フィクションは歴史という様々なきびしい史実の中で、どの程度許容されるものかという問題が起こってまいります。私が影響を受けた作家の一人に、ドイツのノサックという人がおりますが、ノサックが歴史小説について次のように書いております。「作家は純粋に歴史的事実に対しては冷淡ですが、その事実が現実の状況の比喩と認識とになりうる時は、耳をそばだてるものです」つまり歴史的事実に対して、小説家はふだんは冷淡である。ところが、この事実がこの現実（彼のおかれた現状）の比喩と認識になる時が来るのです。認識というのは、そういうものを遠くに見渡すことによって、現代の状況の全体が、非常にシンボリックな意味であるけれど、認識できるというような場合、それに対して注意力を強めていくということです。「小説家が主観的に歴史の中に参加することによって、歴史的な対象が歴史全体から切り離され、再び生き生きとした緊張の場によみ返ることがあります。実際、小説家にとってとうに死んでしまった老人たちが、もはや死者ではなく、現代人・同時代人の言わば同僚となります。この参加は、完全に歴史的です」とノサックは言うのです。私が最初に、現代的主題を扱う場合と、歴史的な素材を扱う場合とさして違った姿勢で向かっていないと申しましたのは、こうした事柄が一つの根拠としてあったのです。さらに大事なことを、ノサックは続けてこう言っております。「学者の場合には、知識そのものが彼の研究の手段となり、推進すべき目標となるテーマでもあり、素材でもあるのですが、作家の場合はそれと全く異なります。専門が精密な専門的知識であっても、それが書物のシチュエーションに合っていなければ、作品の中では不快な漂雑物にすぎないのです」ここで大事なことは、書物のシチュエーションということです。書物のシチュエーションとは、作家が主観的な参加をしてつまり一つの問題の構図として切り取ったその中で、その知識がどのように有効に働いてくれるかという限りにおいて、その知識の意味が現われてくる——そういう構図のことです。ところが学者にとってはそうではない。その知識、あるいは歴史的事実は、言わば歴史的普遍の真実としてそこにある。そこでそれを追求する。小説家の場合にはそうではないというところが、歴史小説が微妙に歴史とくい違ってくる点であり、さらに、そこにフィクションというものの意味が生まれてくるといってよろしいかと思います。

ちょうどその翌年一九六九年春に、いよいよ書き始めましたが、一年くらいの予定で頼まれていたのですが、どのくらいの長さになるのかわかりませんでした。作品は、始めから長いものを書こうと思うと、とても意気阻喪してしまってできません。ですから、その後三年四カ月かかってしまったわけですが、はじめから三年四カ月かかると思って書いたのならば、おそらく書く勇気はでなかったでしょう。

しかしながら、作品には作品のもつ言わば運命というものがある、あるいは作品が、自分自身の要求を持っているといったらよろしいのでしょうか、ともかく一度書き始めるといかに作者がねじふせようと思っても、どんどんふくらんでくるというような性質を持っています。それから作中人物にしても同じで、その人物がどんどん勝手に動いてしまう。やはり作者というのは、作中人物について全くの権限がありませんから、その人物が動きまわるのをただ写すだけということになります。全く報告者としての立場でしか作家はないのです。作家と作中人物は、実際に生きている人間たちと付き合うのと全く同じ、ということがおこってまいります。

ここで、どういうふうにして作品が作られているかということをお話ししますと、小説の初めの部分にユリアヌスの母親のバシリナという女性がでてきます。この女性が、町で占師から太陽のような人を産む運命を持っている、と告げられる。このようなことは、歴史には書かれていないわけですが、小説においては、ある全体が確実に読者に暗示されるような一つのわく組を初めに与えるのは、非常に重要なことなのです。つまり、このわく組は確実に与えられているけれども、その内容は全く空白であるというような状態で与える。そうすると、内容は果たしてどういうものであるかという、言わば熾烈な好奇心が読者に呼び起こされる。この好奇心というような空白の状態、しかし絶対に早く埋めてもらいたいという衝動を伴っているそういう空白、それを与えられている人間は、どうしても逃れることはできなくなる。何よりもまず枠の内の空白を埋めたくなる。それに集中していく。ちょうどその空白をもった枠にあたるのが、あの占師の言葉なのです。こんなわけで、いくつかの小説にはこのような仕掛けがあります。

さて、たくさんの知識、たくさんのノートを小説の中でどう取り扱えばよいのか。先程のノサックにかえりますと、私は色々な資料をかかえ、難しい問題もあり、どうしたらいいかわからなくなった時に、このノサックの言葉に出会ったのです。読んでみますと、「作家が小説なり芝居なりを書く時は、言わば彼の全知識をうしろに打ち棄てて、忘れてしまわなくてはなりません。蓄積された知識は彼にとって自明の背景以外の何ものでもなく、彼はそこから出て緊張の場へ入っていかなければならないのです」この緊張の場というのが、書物のシチュエーションということです。つまり、ここでユリアヌスという人物が古代の様々な動きの中で、本当に自分らしい生き方をしたいと思っている。そういう場の中へ、作者自身も入っていく。その時は、作者がその現実に生きている人と同じような知識を持っているけれども、それはその場の中に入っていく入場券のようなものであって、もうその中に入ってしまえば、そんなものは自明の背景としてしか役に立たない、そういうものにしてしまわなくてはならない。つまり、その知識を自分の中に持っていてそれを書いたのでは駄目で、それはもう忘れてしまう。そしてその情況の中に自分がいるにすぎない、というようにしなくてはいけない――ノサックの言葉を解釈すれば、こういうことになるでしょう。私もたくさん読めば読むほど、その当時の現実の肌に触れ得るような、たとえばどこかで誰かの説教を聞いて腹を立てるとか、あるいは感動し、あるいはそれに疑いをもつとかいうようなものとして、とにかく具体的なものとして感じられるようにしていく、そして実際の中身はむしろ忘れていく――そんな方法をとっていったのです。

では実際に小説を書く場合にはどうしたらいいのかということですが、小説にはある主題の流れが必ずあります。その主題の流れを主旋律とすると、その部分部分にポリフォニックに旋律をつけていくという仕事が次にくるわけです。ですから、主旋律そのものは失われない。ユリアヌスというものが心の中に入った時に、すでにある全体がもうできあがったと言っていいと思います。ですから、あるできあがった全体、つまりノートにも書かれていない、自分にもわからない、しかし確かに自分の中にある全体、それはちょうど、広げたら教室いっぱいになるような紙をくしゃくしゃにして胸の中に持っている、というような状態を想像していただきたい。そうすると、今度はそういうものを少しずつ伸ばしていくという作業がある。すでに自分の心の中にありながら、それを書いていく段階で色々なことを調べていくというのは、何となく手順が逆のような気がします。しかし、そういうふうにして丸めた紙を伸ばしていくために、その支えになるものが必要です。ちょうどその支えになるものが、個々の知識であるといったら、おわかりいただけるかと思います。

皆さんに対する一つのヒントは、パリのルーヴル美術館などに行きますと、非常に大きな画面の油絵が壁にかかっています。ところがその大画面の近くには、必ず小さな習作が並べてあるのが普通です。巨大な画面は、後ろに充分にさがってみると活き活きと見えますが、大画面を描いている時に巨匠が全体を一度に見ることはできません。まして遠近法は、後ろにさがって見なくてはわからない。そばで見ると、青の斑点にしか見えないものが、ひきさがって見ると、実に活き活きとした物の形に見えるのです。大画面をつくる前に、そういう画家たちは小さな画面にそれとそっくりのものを描いております。部分的には省略されていても、全体の効果としてはそっくり同じようなものを描きます。つまり、それをもとにして大画面というものをつくりあげていく。それに等しいことを、私は作品の中でやったわけです。ですから数行のメモをつくる。そのメモの中にある全体に広げていくべきものが、全部入っているという形でメモがつくられる。主旋律がありますから、あとはその部分のモチーフに応じてそういったものをつくり、それを広げていくことによってある作品の全体が次第に形成されるということになってまいります。

作品の世界というのは、その中に入っていきますと、作者というのはネガティヴなものになるのですね。無責任なようですが、作品というのは、その時から自分で歩き始める。ですから、誇張して言えば、作者は自然に起こる事件をただ見ているようになります。外で色々なごたごたがあっても、その中に入るとどういうわけか同じトーンのある気分の中に入ることができる。それが自分にとって一番願わしい世界であるとしますと、その中に入り込む事が生きがいのある時間でありますから、何はともあれユリアヌスの中にもぐり込みたいというのが、それを書いている時の私の一つの衝動でありました。このようにして私は作品をつくりあげていったわけです。

一応これで、簡単ではございますが、表題のような話を終わりたいと思います。

（一九七八年六月二日　青山学院大学史学会講演会）

『言葉の箱』あとがき／解説

あとがきにかえて——記憶と忘却のあいだに

辻　佐保子

このところ、主人の仕事や暮しぶりについて、あれこれと書く機会が多くなった。そのたびに、何をどう書いたらよいのか、まだ自分の姿勢をきめかねている。一方では、追憶というにはあまりにも生々しい存在感が私の感覚のなかに生きている。しかし他方では、記憶がまだ鮮明なうちに、できる限り冷静に私だけが知り得た事実を記録しておきたいという気持ちも強い。書斎の整理や撮影を少しずつ進めながら、この半年ほど、七〇年代には何を考えていたのか、八〇年代にはなぜ二度もパリで日本文化を教えたかったのかと、その当時の日記や単行本の「あとがき」を読んだりして時を過ごした。構想のみで終った『浮舟』という作品についても、簡単なメモや記憶を手がかりにして、いろいろ想像をめぐらしながら二〇〇〇年を迎えた。二〇世紀後半の時の歩みを、こうして私は二重の意味で回顧したことになる。いずれは詳細な年譜や書誌が作成されて、同時進行の形で多数の作品を執筆し続けてきた状況や、個々の作品の成立過程なども、ある程度の距離感を保って展望できるようになることだろう。

ここに三冊目の書物（遺著）として誕生したのは、一九九三年二月一七日、九四年二月二日、九四年一〇月二八日の三回にわたって行った「小説の魅力」と題する講演（主催、メタローグ「CWS創作学校」）の記録である。テープから起した状態のままでは理解しにくかった部分を、編集担当の今裕子さんと福山悦子さんが丹念に全体の趣旨を汲んで手を入れ、小見出しをつけて読みやすくして下さった。講演終了の直後に、単行本にすることを本人も承諾しており、自分で訂正したり書き加えたりするつもりだったと思う。これまでに刊行した二冊の講演集『詩と永遠』（岩波書店一九八八年、七九―八七年間の九講演）と『言葉が輝くとき』（文藝春秋一九九四年、八五―九二年間の十三講演）の場合には、かなり時間をとって加筆、訂正し、時には論文を講演調に改めたりもしていた。その点では、読み返すことができなかった今回の書物は、本人にとって不本意なところもあるに違いない。しかしその反面、生き生きした語り口や、茶目っ気たっぷりの様子など、講演のときの臨場感を残すことができたかもしれない。

小説を書く根拠や目的、あるいは方法をめぐっての思索は、実際の創作活動とほぼ同じ比重をもつほど、大切な仕事であった。この系列に属す最初の書物は、『小説への序章』(河出書房新社一九六八年、中公文庫一九七九年)であり、その「あとがき」には次のように記している。「本書は小説研究であるとともに、筆者の小説創作の見取り図であり、方向探知のためのノートであり、書くことの根拠についての確認である。『小説への序章』としたのは、あくまで本書が小説空間の探索への起点と考えられたからである」。この本は刊行以来何度も版を重ねているが、一般には話題にされなかったように思う。ただし、二〇〇〇年二月の『新潮』に掲載されたバルガス＝リョサ「若い小説家に宛てた手紙」の解説の中で、訳者である木村栄一氏が(いずれも主人が愛読していた)フォースター、ウェイドレ、エーコらの同種の書物や篠田一士さんの評論と並んで、『小説への序章』をあげて下さっているのを知り嬉しかった。

それから十年後、さらに徹底した心理学や社会学の分析方法も加えた考察として、『情緒論の試み』(岩波書店発行の『思想』に一〇回連載、一九七七—七八年)と題した長い論文を執筆している(その後に書かれた時間論を主とするメモや草稿が、この連載論文の抜き刷りと共にファイル・ボックスの一番奥に保管されていた。いずれ最適な専門の方の解説を加えて刊行できればと考えている）。

『詩と永遠』の「あとがき」に記された本人の言葉によれば、「論文の形で本書の主題（『情緒論の試み』）を発展させることに手間取っていた」のは、「主題の性格上、純粋に理論レヴェルではアプローチが困難だった」からであり、「大の講演嫌いであるにもかかわらず、時どきあえてそれを引き受けたのは、一種の言語的パフォーマンスの要素のある講演の形なら、聴衆と対面する興奮とか、直接的反応とか、即興的な発語とかによって、思考のすじ道に何らかの展開が期せるのではないか、と考えたからです」。「創作学校」という格別の場を与えられ、三回の講演をお引き受けしたのも同じ思いからだったに違いない。一回ごとに丁寧な草稿メモを準備していたが、最初の講演のあとでは、「どうも思っていたようには話せない感じ。自分で格闘し、まだ十分自分のものになっていないことを語っている感じがする」と日記に書いている。そのころは『西行花伝』の最終部分にさしかかり、連載を各月間隔にして思案し格闘していた。次の講演のおりには『西行花伝』の加筆をようやく済ませ、『薔薇の沈黙』（リルケ論）の連載も終えていた。最終回の時期には一段と多忙になり、病後の体調が心配だった。当日の日記によれば、朝早く起きて準備し、大学でのバルザックの講義をおえて急いで帰宅、また草稿の続きを書き、その日の午後おそく、私の仕事の関係でヴァティカンから来訪中の知人としばらく語り合い、それから講演にでかけている。

もともと主人は、「ぼくの趣味は哲学だ」と称するほど形而上学的思索が大好きであり、私が聞かされるのはいつもこれに関連した読書の話題であった。他方、自分には豊かな感性や直感力が不足しているという奇妙なコンプレックスもあった。このような思索と創作の並立（分離）を、若いころは冗談に「仕掛け屋」と「書き屋」と呼んでいた。それぞれに関した二冊の手帳があり、「仕掛け帳」と「打ち出の小槌」（創作メモ、小説の種がどんどん出てくるという意味）と名づけて使い分けていた。私も、一方は製図用具や設計図を前に考えこみ、他方は鉛筆を手に耳を傾けて霊感（小鳥の訪れを待つ二人の「辻邦生の肖像」を漫画に描いたりして、そんな状態を面白がっていた（『夏の砦』執筆のころ）。

これら二つの一見あい反するような性格、そしてその相互的な関連は、辻邦生という一人の小説家の本質をなしており、他の作家の場合とはかなり違うようだ。しかし、ある時期から、このような二つの資質の分離状態が、日常のさまざまな感覚的な喜びや楽しみとしだいに渾然と一体をなすようになり始めた。買い物や台所仕事が上手になり、明るいきれいな色調のセーターとソックスを組み合わせることを覚えた。ジャズを聞きながら深夜に高速道路を猛スピードでとばし、違反でつかまると警官に暴言をはき、軽井沢の山荘との往復時間を知人と競っていた。映画に夢中になって多くの文章を書いたのも、大嫌いだった講演会を引き受けるようになったのも、そうした変化の現れの一端だったのだろう。

　先述の講演集『詩と永遠』の「あとがき」は、次のような言葉で結ばれている。

「私は、自らの思索の在り方の基準を文学的創造と結びつけて考えています。もし、思索の方向が正しければ、創作はより豊饒に、より強靭になるはずです。その意味では、本書は、実践しながら実践の形で表現された思索である、と考えていただいていいと思います」。そう言いながらも、そのころ（八〇年代末）には、少なくとも私の見た限りでは、もっと自然発生的に、あるいは自分でも説明できないような霊感に促されて、次々と短編連作を書いていた。漱石のF＋fではないけれど、この時期の短編は、今回の講演の中で語っている主張と照合するのにある程度まで適切な作品かもしれない。大学の講義でも、同じころ「短編小説論」や「幻想小説論」を講じており、ラテン・アメリカ文学（とくにボルヘス）との関連については、私の実感や感想を書きとめておく機会があった（「私たちが生きた20世紀」文藝春秋臨時増刊号二〇〇〇年二月）。長い時間をかけて執筆した長編小説の場合には、もっとはるかに複雑な「仕掛け」を考案し、実践していることは、私などが今ここでとやかく言うべきではないだろう。

このような経緯を考えると、今回の書物は、『小説への序章』にはじまり、『情緒論の試み』をへて、ようやく辿りつくことのできた「小説とは何か」という問いに対する最終的な回答だったような気がする。これまでよりは一段と親しみやすい言葉で語り、かなりショッキングな例文（ルーチオ・ポッツィ）を使いながら、いわば一種の希求法の形で、「小説」という文学形式、あるいは「物語」を創り、読むという快楽が永久に不滅であるという長年の信念を、熱心な聴衆である「書き手」の方たちに伝達し、自分が担い続けてきた使命や文学の未来を次の世代に委託したかったのだと思う。

「あとがき」の終りに、短命に終わったのは残念だった魅力的な雑誌『Littéraire』

を創刊し、創作学校を企画なさった安原顯さんと、この書物をみごとに形象化してくださったメタローグの今裕子さんに、主人にかわって心からの感謝を捧げたい。

二〇〇〇年三月一五日

『言葉の箱　小説を書くということ』二〇〇〇年四月　メタローグ刊

文庫版へのあとがき

辻 佐保子

『背教者ユリアヌス』、『西行花伝』その他二、三を除くほとんどの文庫本が絶版になるという厳しい状況の中で、このたび『言葉の箱』を中央公論新社の文庫に入れて頂くことになったのは大変に嬉しい。

辻邦生の没後、この『言葉の箱』を含む七点の書物が遺著として刊行された。その都度、私は「あとがきにかえて」と題した文章を書き、それらを『辻邦生のために』(新潮社　二〇〇二年)の第三部に再録した。ただし、『情緒論の試み』(岩波書店　二〇〇二年)のみは例外であり、清水徹さんが心の籠った解説を書いて下さったため、余計な文章は加えなかった。本来ならば、『情緒論の試み』が書かれた遠源の一つとして、最初のパリ留学時代に国立図書館で丁寧に筆写して愛読していたE. Souriau, Les deux cents mille situations dramatiques.（Paris, 1950）のことに触れておくべきであった。これは、劇的状況が成立する二万の具体的なケースを、現代の携帯メールの絵文字そっくりの多様な記号によって分類、体系化した美学者（ソルボンヌ大学教授）の途方もなくユニークな書物である。演劇でも小説でも、「これさえあれば一生書く種に困らない」とその当時は狂喜していたが、実際にはそれほど単純にはことは運ばなかった。最後のころ、大学院のゼミでこのテクストを利用していたらしく、原文コピーの一部や進行予定メモが昔の手書きルーズリーフと一緒にカバンの中に入っていた。『辻邦生のために』の装丁に何か手書きの横文字はないかと言われ、これを利用した。佐々木健一氏の『美学辞典』（東京大学出版会　一九九五年、78ページ）によれば、残念ながら「サイコロを振って組み合わせる…この方法を実践しようという劇作家は現れなかった」そうである。

それよりも、辻邦生が「文学とは何か」という自らの探索と重ねあわせながら、いつも感嘆していたのは、夏目漱石の『文学論』であり、F＋fという本質的な最小単位に還元された原理であった。『言葉の箱』の中には短い言及しかないが、実際の作品である『門』にあてはめて論じた解説が、岩波文庫（一九九〇年版）に付されているので、関心のある方は参照して頂きたい。先日、例によって漱石のロンドンの旧居を探訪するといった類の復元的テレヴィ番組を見たが、『文学論』の草稿を夏目房之介氏が初めて眼にされる光景だけは、感動的であった。

『情緒論の試み』は、主に『思想』に連載した関連論文が中心となっている。ただし、いずれ改めて纏めるつもりの八章からなる内容の構想が一緒に保管されていたため、巻末に資料として掲載しておいた。全体のタイトルとして『情緒論の構図』、副題として「人間存在の状況を解明する手段としての〈情緒〉の構造分析」と記されている。それぞれの章や節の内容もある程度まで要約されている。そこには上述のスーリオの分類や漱石の小文字のf（feeling）、さらには卒業論文（スタンダール）以来よく読んでいた十八世紀の感覚哲学に関連した書物における「情緒」をめぐる問いかけが、あちこちに痕跡を残している。

虹の七色の象徴的モティーフを目印として、縦列、横列ごとに繫げて読むこともできる一〇〇の短編連作『ある生涯の七つの場所』（中公文庫　全七冊）を着想し、長い期間をかけて完成したのも、今から思い返してみると、このように徹底した実践的理論の構築が基礎にあったからに違いない。

二〇〇四年六月十八日

（中公文庫『言葉の箱』二〇〇四年八月刊）

解説

中条省平

辻邦生はヨーロッパ的な知性の作家だと見られることが多い。

じっさい、この『言葉の箱』の冒頭でも、辻邦生は「小説を書く根拠」について語りながら、初めてヨーロッパに滞在した経験の重みを強調している。

パリに行ってから半年間はなぜか「毎日毎日クタクタに疲れて」しまったという。その理由は、ヨーロッパでの生活には「秩序に対する緊張感が常にあった」からだ。「ヨーロッパは、自然に与えられたものをいつも超えていく場所であるということが、ぼく自身を変えてくれたいちばん大きな認識だったわけです。甘えることを絶対にしない。自分がある環境に産み落とされると、そういう環境と絶えずたたかって、より高いものをつくっていく。これがヨーロッパなんだということをつくづくと感じました」

辻邦生の小説を愛読する者ならば、この述懐に、辻作品の登場人物につうじる精神の傾向を感じることだろう。とくに、『廻廊にて』のマーシャや、『夏の砦』の支倉冬子など、辻邦生の初期長篇のヒロインを私は思いだす。彼女たちは、自然に与えられた条件を常に真摯に問いなおし、けっして他人にも自分にも甘えず、いまいる環境とたえずたたかって、より高いものをつくりあげ、自分を超えていこうとした。そこには、辻邦生のヨーロッパ体験のエッセンスが反映されている。

だが、そうしたストイックな求道精神、形而上的な真実や秩序にむかうヨーロッパ的な認識の希求によって、辻邦生の本質が尽くされると思うのはまったくの間違いである。

というのも、辻邦生という作家、いや人間のなかには、全人的な感覚のよろこびを留保なく肯定する快楽主義者の一面があるからだ。

そして、本書『言葉の箱』の美点は、そのような辻邦生の豊かな人間性が、肉声のひびきに乗ってあらわになっているところである。

これ以前に刊行された二冊の講演集、『詩と永遠』と『言葉が輝くとき』は、作者自身の手で、時間をかけて丁寧な加筆や訂正がほどこされているという。いっぽう、『言葉の箱』の講演は、作者が亡くなったのちに、ふたりの編集者によって文字に起こされた。作者としては意にみたぬところもあっただろう。だが、「あとがきにかえて――記憶と忘却のあいだに」で、辻佐保子夫人が書かれているように、「しかしその反面、生き生きした語り口や、茶目っ気たっぷりの様子など、講演のときの臨場感を残すことができたかもしれない」。

まさにそのとおりなのである。『詩と永遠』や『言葉が輝くとき』の、折り目正しく、丹念かつ緊密な言葉をさしだす小説家に比して、ここにはほとんど別人とも見紛うような、聴衆にむかってダイレクトに語りかける生身の辻邦生がいる。

この連続講演の仕掛人であり、辻邦生を心から敬愛する編集者の安原顯に見守られて、また、若き日の自分とおなじく小説を書くことに無償の情熱をささげる聴き手たちに囲まれていたせいか、本書の口調には、共感にみちた率直さが随所に感じられる。これほど無防備な辻邦生の言葉が読まれるのは稀有のことではないだろうか。たとえば、こんな一節。

「いいですか。このことを忘れてはいけません。あなた方一人ひとりの大事な一回こっきりの人生ですからね。一回こっきりですよ。二度も三度も生まれてこないんですから、一回こっきりの大事なきょうのこのときだと思うんですよ。こんなに大事なときに、あしたもあればあさってもあれば、きのうもあったし、きょうなんてどうでもいいや、ではダメなんです。この一回こっきりの自分というもの、自分のいまの世界を本当に大事にしてください。刻々とそこからしか生命のシンボルはつかめないし、本当の創造力も生まれてきません。これは肝に銘じて、ほかのことは忘れてもいいから、あなた方の生きているという大事さを、今夜寝るときに一人でよく考えてください」

長い引用になってしまったが、省略できなかった。省略しても辻邦生の考えは伝わったかもしれない。だが、この「一回こっきり」の言葉にこめられた生命のほとばしりには、中断を許さない力の持続があるのだ。そして、この圧倒的なエネルギーは、作者の確信の深さからじかに湧きあがっている。

その確信の根をつくりあげたできごとについても、本書は語っている。辻邦生がパリのセーヌ河にかかるポン・デ・ザールに立って、ノートル・ダム寺院やルーヴル宮を見ているときに、それは起こった。

「こうしてぼくが見ているノートル・ダムあるいはルーヴルあるいはセーヌといったものは、なるほど、ほかの人もそこで見ているかもしれないけれど、それはほかの人のルーヴルでありセーヌで、同じものを見ているのではなくて、これはぼくだけしか見られない、ぼくだけが見ている、ぼくの世界で、ぼくが死んでしまうと、だれもそのなかに入って知ることはできない。だから、この世界をだれかほかの人に伝えるためには、その感じ方、色彩、雰囲気を正確に書かないと、ぼくが死んでしまったら、もうこの地上から消えてしまう」

一回こっきりの、いてもたってもいられない、大いなる存在そのものの快楽。「自分の好きな世界」のよろこびの全面肯定。ここに、辻邦生の小説がもたらす純粋ではげしい陶酔の源泉がある。『言葉の箱』では、いたるところにこの源泉に通じる水路が開かれていて、どこでもいい、その水路に手をひたしてみれば、源泉からじかにやって来る清冽な流れがなまなましく感じとれるだろう。辻佐保子夫人のいわれる「臨場感」とは、そうした、いま・ここにしかない動きの感覚ではないかと私は思う。それが、この小さな本のもっとも大きな魅力なのだ。

この一回こっきりの、大いなるよろこびを、辻邦生は「生命のシンボル」と名づけている。「生命のシンボル」を発見した人間は、作家になってそのことを他人に伝えたいという強烈な欲求にとりつかれる。自分が死んでしまったら、この「生命のシンボル」は地上から永遠に消えてしまうからだ。

「生命のシンボル」という一回こっきりのよろこびの体験には、じつは、それを感じとる人間の全人生のよろこびが凝縮されている。そのことを、リルケは、「一輪の薔薇はすべての薔薇」といいあらわした。

「結局、小説の魅力は、そうした作家の一人ひとりが、自分の心のなかで、これぞ生命のシンボルなんだ、これに触れて初めて人間が単調な世界から抜け出ることができるんだという、そういうものに満ちた別世界を描くことだと言っていいかと思います」

ただし、作家はその世界を、外の現実世界とは切りはなされた無のなかに立って、言葉だけを道具と材料にして、つくりあげなければならない。そこに作家の、孤独と困難と、よろこびがある。

ともあれ、日々の生活が大いなるよろこびであり、生命のシンボルの源であるならば、作家は日々書かなければならない、「ピアニストがピアノを弾くように」。『言葉の箱』は、この「ピアニストがピアノを弾くように」という言葉で始まり、この言葉で終わっている。そして、本書を読みおえた読者は、それがたんなる抽象的な指針ではなく、このうえなく具体的なアドバイスだと身にしみて感じることだろう。なぜなら、この本の言葉は、作者の観念や思想の刻印である以上に、作者の身体から出た声の記録であり、その肉声のふるえが読者の心と体をも共振させるからである。

（ちゅうじょう・しょうへい　フランス文学者、学習院大学教授）

（中公文庫『言葉の箱』二〇〇四年八月刊）

初出および底本一覧

言葉の箱

言葉の箱　小説を書くということ　メタローグ　二〇〇〇年四月
中公文庫　二〇〇四年八月

フィクションの必然性　『中央公論』一九八〇年七月号
「語り」と小説の間　『詩と永遠』岩波書店　一九八八年六月
小説家への道　『思想』一九八八年一号
小説家としての生き方　『詩と永遠』岩波書店　一九八八年六月
なぜ歴史を題材にするのか　『CRONACA』第二十一号　一九七八年三月
『春の戴冠』をめぐって　『物語の海へ』中央公論新社　二〇一九年七月
歴史小説を書く姿勢　『史友』一九七九年四月　単行本初収録

編集付記

一、本書は、中公文庫『言葉の箱　小説を書くということ』に著者による小説創作法に関する講演を加え、独自に編集したものです。中公文庫オリジナル。

一、本文中に今日では不適切と思われる表現もありますが、発表当時の時代背景と作品の文化的価値に鑑みて底本のままとしました。

中公文庫

小説《しょうせつ》を書《か》くということ

2025年3月25日　初版発行

著　者　辻《つじ》　邦《くに》　生《お》

発行者　安部　順一

発行所　中央公論新社
〒100-8152　東京都千代田区大手町1-7-1
電話　販売 03-5299-1730　編集 03-5299-1890
URL https://www.chuko.co.jp/

DTP　平面惑星
印　刷　三晃印刷
製　本　小泉製本

Published by CHUOKORON-SHINSHA, INC.
Printed in Japan　ISBN978-4-12-207632-7 C1195

各書目の下段の数字はISBNコードです。978－4－12が省略してあります。

中公文庫既刊より

つ-3-20
春の戴冠1　辻　邦　生
メディチ家の恩顧のもと、花の盛りを迎えたフィオレンツァの春を生きたボッティチェルリの生涯——壮大にして流麗な歴史絵巻、待望の文庫化！
205016-7

つ-3-21
春の戴冠2　辻　邦　生
悲劇的ゆえに美しいメディチ家のジュリアーノと美しきシモネッタの禁じられた恋。ボッティチェルリは彼らを題材に神話のシーンを描くのだった——。
204994-9

つ-3-22
春の戴冠3　辻　邦　生
メディチ家の経済的破綻が始まり、フィオレンツァの春は、爛熟の様相を呈してきた——永遠の美を求めるボッティチェルリと彼を見つめる「私」は。
205043-3

つ-3-23
春の戴冠4　辻　邦　生
美しいシモネッタの死に続く復活祭襲撃事件……。ボッティチェルリの生涯とルネサンスの春を描いた長篇歴史ロマン堂々完結。〈解説〉小佐野重利
205063-1

つ-3-25
背教者ユリアヌス（一）　辻　邦　生
血で血を洗う政争のさなかにありながら、ギリシア古典を学び、友を得て、生きることの喜びを見いだしていくユリアヌス——壮大な歴史ロマン、開幕！
206498-0

つ-3-26
背教者ユリアヌス（二）　辻　邦　生
学友たちとの平穏な日々を過ごすユリアヌスだったが、兄ガルスの謀反の疑いにより、宮廷に召喚される。皇后との出会いが彼の運命を大きく変えて……。
206523-9

つ-3-27
背教者ユリアヌス（三）　辻　邦　生
皇妹を妃とし、副帝としてガリア統治を任ぜられたユリアヌス。未熟ながら真摯な彼の姿は兵士たちの心を打ち、ゲルマン人の侵攻を退けるが……。
206541-3

つ-3-28
背教者ユリアヌス（四） 辻 邦生
輝かしい戦績を上げ、ついに皇帝に即位したユリアヌス。政治改革を進め、ペルシア軍討伐のため自ら遠征に出るが……。歴史小説の金字塔、堂々完結！
206562-8

つ-3-16
美しい夏の行方 イタリア、シチリアの旅 辻 邦生 堀本洋一 写真
光と陶酔があふれる広場、通り、カフェ……ローマからアッシジ、シエナそしてシチリアへ、美と祝祭の国の町々を巡る甘美なる旅の思い出。カラー写真27点。
203458-7

つ-3-29
地中海幻想の旅から 辻 邦生
その青さは、あくまで明るい、甘やかな青で、こちらの魂まで青く染めあげられそうだった――旅に生きた作家の多幸感溢れるエッセイ集。〈解説〉松家仁之
206671-7

つ-3-8
嵯峨野明月記 辻 邦生
変転きわまりない戦国の世の対極として、永遠の美を求め〈嵯峨本〉作成にかけた光悦・宗達・素庵の献身と情熱と執念。壮大な歴史長篇。〈解説〉菅野昭正
201737-5

つ-3-30
完全版 若き日と文学と 辻 邦生 北 杜夫
青春の日の出会いから敬愛する作家、自作まで。親友の二人が闊達に語り合う。ロングセラーを増補、全対談を網羅した完全版。〈巻末エッセイ〉辻佐保子
206752-3

き-6-18
どくとるマンボウ医局記 新版 北 杜夫
『どくとるマンボウ航海記』前夜、白い巨塔の片隅で怪気炎を上げるマンボウ氏の新人医師時代。新たに武田泰淳との対談「文学と狂気」を増補。〈解説〉なだいなだ
207086-8

き-6-20
人間とマンボウ 新版 北 杜夫
三島、川端からトーマス・マン、斎藤茂吉まで。北文学の原点となる作家や人物との交流をユーモラスに綴る文学エッセイ。〈エッセイ〉三島由紀夫／佐藤愛子
207197-1

き-6-21
どくとるマンボウ航海記 増補新版 北 杜夫
アジアから欧州をめぐる船旅を軽妙に綴った、戦後ユーモアエッセイの記念碑的作品。写真、エッセイ「傲慢と韜晦」等を増補した決定版。〈解説〉なだいなだ
207320-3

各書目の下段の数字はＩＳＢＮコードです。978－4－12が省略してあります。

き-6-19
静謐　北杜夫自選短篇集　北杜夫
三島由紀夫賞賛の表題作ほか初期の純文学作品、ＳＦ、随筆など全一〇篇を収録。多才な作家のエッセンスが一望できる自選短篇集。〈巻末エッセイ〉今野敏
207093-6

ほ-12-1
季節の記憶　保坂和志
ぶらりぶらりと歩きながら、語らいながら、うつらうつらと静かに時間が流れていく。鎌倉・稲村が崎を舞台に、父と息子の初秋から冬のある季節を描く。
203497-6

ほ-12-10
書きあぐねている人のための小説入門　保坂和志
小説を書くために本当に必要なことは？　実作者が教える、必ず書けるようになる小説作法。執筆の裏側を見せる「創作ノート」を追加した増補決定版。
204991-8

ほ-12-12
小説の自由　保坂和志
小説には、「考える」という抽象的な時間が必要なのだ。誰よりも小説を愛する小説家が、自作を書くのと同じ注意力で小説作品を精密に読んでみせる、驚くべき小説論。
205316-8

ほ-12-13
小説の誕生　保坂和志
「小説論」というのは思考の本質において、評論でなく小説なのだ。小説的に世界を考えるとどうなるのか？　前へ、前へと思考を進める小説論。
205522-3

ほ-12-14
小説、世界の奏でる音楽　保坂和志
小説は、人を遠くまで連れてゆく――。書き手の境地を読者のなかに再現する、十篇の小説論という小説。「最良の読者を信じて」書かれた小説論、完結編。
205709-8

ほ-12-2
プレーンソング　保坂和志
猫と競馬とともに生きる、四人の若者の奇妙な共同生活。〝社会性〟はゼロに近いけれど、神の恩寵のような日々を送る若者たちを書いたデビュー作。
203644-4

ほ-12-3
草の上の朝食　保坂和志
猫と、おしゃべりと、恋をする至福に満ちた日々を独特の文章で描いた、『プレーンソング』続篇。夏の終わりから晩秋までの、至福に満ちた日々。
203742-7

ほ-12-4
残響
保坂和志
離婚し借家を引き払ったカップルとその家に入居した別の夫婦。交わらない二組の日常を斬新な手法で描く。野心作「コーリング」併録。〈解説〉石川忠司
203927-8

ほ-12-5
もうひとつの季節
保坂和志
鎌倉で過ごす僕とクイちゃんと猫の茶々丸、近所に住む便利屋の松井さん兄妹。四人と一匹が織り成す穏やかな季節を描く。〈解説〉ドナルド・キーン
204001-4

フ-17-1
エミリーに薔薇を
フォークナー
高橋正雄 訳
ミステリの古典にも数えられる表題作ほか「あの夕陽」「ウォッシュ」など代表的な短篇全八篇。巻末に中上健次の講演「フォークナー衝撃」他一篇を収録。
207205-3

さ-80-3
漱石の読書と鑑賞
佐藤春夫 編著
新刊の感想、門下生の指導・売り込みなど。漱石書簡中の同時代小説評を佐藤春夫が解説。登場作品十六篇を収録する。百閒の随筆、芥川と久米の返信を付す。
207454-5

て-8-3
漱石先生
寺田寅彦
自他共に認める別格の弟子が文豪の素顔を親愛の情を籠めて綴る。高等学校での出会いから周辺に集う人々まで。文庫オリジナル。〈巻末エッセイ〉中谷宇吉郎
206908-4

こ-63-1
漱石先生と私たち
小宮豊隆
寺田寅彦、鈴木三重吉から芥川龍之介まで。木曜の面会日に漱石を囲んで集った門下生たちの文学的青春の日々を第一の弟子が語る。〈コミックエッセイ〉香日ゆら
207438-5

つ-34-1
漱石の白百合、三島の松 近代文学植物誌
塚谷裕一
虞美人草、スイートピーから紅茸まで、文豪は植物をいかに描写してきたか。広大な文学作品の森に息づく草花を植物学者の視点で読み解く。〈解説〉大岡 玲
207218-3

み-9-11
小説読本
三島由紀夫
作家を志す人々のために「小説とは何か」を解き明かし、自ら実践する小説作法を披瀝する、三島由紀夫による小説指南の書。〈解説〉平野啓一郎
206302-0

各書目の下段の数字はISBNコードです。978－4－12が省略してあります。

み-9-12
古典文学読本
三島由紀夫
「日本文学小史」をはじめ、独自の美意識によって古今集や能、葉隠まで古典の魅力を綴った秀抜なエッセイを初集成。文庫オリジナル。〈解説〉富岡幸一郎
206323-5

み-9-13
戦後日記
三島由紀夫
「小説家の休暇」「裸体と衣裳」ほか、昭和二十三年から四十二年の間日記形式で発表されたエッセイを年代順に収録。三島による戦後史のドキュメント。
206726-4

み-9-14
太陽と鉄・私の遍歴時代
三島由紀夫
三島文学の本質を明かす自伝的作品二編に、自死直前のロングインタビュー「三島由紀夫最後の言葉」（聞き手・古林尚）を併録した決定版。〈解説〉佐伯彰一
206823-0

み-9-15
文章読本　新装版
三島由紀夫
あらゆる様式の文章・技巧の面白さ美しさを、該博な知識と豊富な実例と実作の経験から詳細に解明した万人必読の書。人名・作品名索引付。〈解説〉野口武彦
206860-5

み-9-9
作家論　新装版
三島由紀夫
森鷗外、谷崎潤一郎、川端康成ら作家15人の詩精神と美意識を解明。『太陽と鉄』と共に「批評の仕事の二本の柱」と自認する書。〈解説〉関川夏央
206259-7

あ-20-4
新編　散文の基本
阿部　昭
『短編小説礼讃』の著者による小説作法の書。「私の文章作法」「短篇小説論」に日本語論、自作解説等を増補した新編集版。巻末に荒川洋治との対談を収録。
207253-4

こ-62-1
小説作法
小島信夫
書き続けるために本当に大切な事とは……これからの創作者に伝える窮極のエッセンス。単著未収録のトークを中心にした文庫オリジナル。〈解説〉保坂和志
207356-2

こ-62-2
私の作家評伝
小島信夫
彼らから受け継ぐべきものとは何か——近代日本文学の代表的な文豪十六人の作品と人生を、独自の批評眼で辿る評伝集。〈巻末鼎談〉柄谷行人・山崎正和
207494-1